삶이 너에게 레몬을 줄 때

삶이 너에게 레몬을 줄 때

초판 1쇄 발행 2024년 10월 10일

지은이 성기철
펴낸이 서재필

펴낸곳 마인드빌딩
출판신고 2018년 1월 11일 제395-2018-000009호
이메일 mindbuilders@naver.com

ISBN 979-11-92886-59-6(03190)

마인드빌딩에서는 여러분의 투고 원고를 기다리고 있습니다.
출판하고 싶은 원고가 있는 분은 mindbuilders@naver.com으로
기획 의도와 간단한 개요를 연락처와 함께 보내주시기 바랍니다.

삶이 너에게 레몬을 줄 때

성기철 지음

니체부터 봉준호까지
63인의 훔치고 싶은 좌우명

마인드
빌딩

바라보기만 해도 침이 고일 정도로 시디신 레몬. 때로는 쓴맛도 난다. 레몬은 생으로 먹기 어렵지만, 레몬즙에 물과 꿀을 섞으면 달콤하면서도 상큼한 레모네이드가 된다. 여기서 유래한 유명한 서양 격언이 있다. '삶이 너에게 레몬을 주면 레모네이드를 만들어라(When life gives you lemons, make lemonade).' 살면서 위기와 시련(레몬)이 닥치더라도 좌절하거나 회피하지 말고 전화위복의 계기(레모네이드)로 만들라는 조언이다.

세상에 자신의 이름을 널리 알리거나 특별한 행복을 가꾼 사람 중에는 이와 같은 긍정 마인드를 지닌 경우가 많다. 하지만 그들이라고 순탄한 인생만 살았겠는가? 뜻대로 되지 않아 포기하고 싶은 순간이 왜 없었겠는가? 그럴 때마다 마음속에 새겨둔 소중한 문장, 자신의 좌우명을 되새기며 앞으로 나아갈 용기를 얻었다고 한다.

삶이 너에게 레몬을 줄 때

좌우명은 때로는 인생 등대가 되어 한 사람의 길을 밝히고, 때로는 한 사람의 인생 전체를 결정하기도 한다.《법구경》이 전하듯 "생각은 말로 나타나고, 말은 행동으로 표현되고, 행동은 습관으로 발전한다. 습관이 굳어지면 성격이 된다." 끝에 한마디만 덧붙이고 싶다. "성격은 운명을 결정한다."

행복과 불행, 성공과 실패를 좌우하는 요인은 결국 생각과 말이라 할 수 있다. 누구든 삶의 목표는 생각 속에 잠겨 있고 말을 통해 밖으로 드러난다. 그런데 분명한 목표가 있음에도 생각이나 말을 행동으로 옮기지 못하는 사람이 많다.

좌우명은 생각과 말을 행동으로 옮기는 데 중요한 역할을 한다. 좌우명은 결심의 표현이고 결심의 힘이 새겨져 있기에 생각과 말이 행동으로 발전한다. 작은 결심이 담긴 좌우명이라고 해서 실천력과 추진력까지 작은 것은 아니다.

좌우명은 저마다 독특함이 있다. 좌우명이라 해서 뭔가 대단한 뜻이 있어야 하는 것은 아니다. 그럴 이유도 필요도 없다. 자신의 상황에 각별한 의미를 부여해 직접 만들 수도 있고, 오래 전부터 전해 내려온 격언이나 속담 중에서 영감을 받은 글귀를 선택할 수도 있다. 어린 시절 부모님이나 선생님에게 들었던 말 한마디가 훌륭한 좌우명이 되기도 한다. 작고 소박해도 자신의 꿈, 그리고 그 꿈을 이루려는 의지가 깃들어 있으면 아름답다.

세상에는 다양하고도 수많은 좌우명이 있다. 이 책에서는 위인은 물론, 각 분야의 대가나 유명인사에 이르기까지 색다른 의미를 가진 좌우명 소유자 63인을 엄선해 소개했다. 자기만의 특별한 좌우명을 정한 이유가 뚜렷하고, 성실하게 그것을 지키며 살았거나 살고 있는 사람들을 주로 포함했다.

63인의 좌우명은 지향점이 각양각색이다. 시련 극복을 위한 좌우명, 가슴 뛰는 도전을 응원하는 좌우명, 성공 비결을 귀띔하는 좌우명, 원만한 대인관계를 이끌어주는 좌우명, 주체적 삶을 도모하는 좌우명, 행복한 삶의 원칙을 세우는 좌우명…. 편의상 6개 분야로 나누었다.

이 책은 흔한 명언 해설집이 아니다. 자기다운 삶을 살며 행복을 찾은 사람들이 스스로에게 되뇌었던 좌우명의 실체를 정성 들여 분석한 책이다. 삶이 레몬을 주었을 때 레모네이드를 만들 수 있었던 비밀을 고찰한 탐구서이다.

책을 읽다 보면 "나도 멋진 좌우명 하나 만들어야겠다"라는 생각이 들 것이다. 각자 삶의 지향점과 자기만의 인생 보폭을 고려해 좌우명을 만들어보기 바란다. 그리고 좌우명대로 한발 한발 나아가기 바란다.

긴 인생을 살며 하나의 좌우명을 고집할 필요는 없다. 두세 개를 동시에 가져도 좋고, 세월 따라 여러 번 바꾸어도 괜찮다.

여러분이 멋진 좌우명을 정하는 데 이 책이 조금이나마 도움이 되면 좋겠다. 여기 소개한 좌우명은 베끼거나 훔쳐가도 시비 걸 사람 아무도 없다.

저자 성기철

차례

①
인생이란 나를 믿고 가는 길

② 갈망이 모든 성취의 시작점이다

1

인생이란

나를 믿고 가는 길

"

발밑만

내려다보지 말고

고개 들어

별을 바라보라.

"

인생은 동굴이 아니라 터널이다 ─────

죽음을 물리치고 기적을 일구어낸 희망 행진곡

─이지선(이화여대 교수)

　유아교육학을 전공하던 이화여대 4학년 학생. 밤 10시경 학교 도서관에서 공부를 마치고 친오빠의 차로 귀가하던 길에, 음주 운전자가 일으킨 7중 추돌 교통사고로 얼굴 포함 전신 55%에 3도 중화상을 입었다. 생사를 오가는 대수술과 고통스러운 재활치료 끝에 7개월 만에 퇴원했지만, 예전의 아름다운 얼굴을 잃었고 온몸에 화상자국이 남았다. 길 가는 아이들에게 '괴물' 소리를 듣기도 했다.

　하지만 그녀는 강인한 정신력으로 홀로서기에 성공했다. 아니 '희망 전도사'로 다시 태어났다. 한때 자살까지 생각했던 젊은이가 모교의 사회복지학과 교수가 되었다. 베스트셀러 《지선아 사랑해》와 《꽤 괜찮은 해피엔딩》의 저자 이지선(1978~)의 감동적인 이야기다.

　이지선의 재활과정은 눈물 없이는 들을 수 없을 정도로 힘들고 고통스러웠다. 《지선아 사랑해》에서 그녀는 이렇게 썼다.

　"사는 것은, 살아남는 것은 죽는 것보다 천 배 만 배는 힘들었습니다. 말로는 다 표현하지 못할 중환

자실에서의 두 달간의 시간, 차라리 미쳐버렸으면 좋겠다고 바랐던 화상치료, 너무 아파 나도 모르게 지르는 내 비명을 들으며 마취에서 깨어났던 수차례의 수술들…."

처음 병원에 실려와 정신을 차린 그녀는 옆에 있던 오빠에게 이렇게 말했다. "오빠, 나 이러고 어떻게 살아? 나 죽여줘." 그녀를 살린 것은 독실한 기독교 신앙과 가족을 비롯한 주변 사람들의 극진한 사랑이었다.

이지선은 엄청난 고통을 동반하는 피부이식 수술을 40여 차례나 받았다. 죽음이 눈앞에 어른거릴 때 하느님의 음성을 들었다고 했다. "내 너를 세상 가운데 반드시 다시 세우리라. 그리고 힘들고 아프고 병든 자들에게 희망의 메시지가 되게 하리라."

그녀는 살기로 마음먹었다. '인생은 동굴이 아니라 터널이다'를 인생 좌우명으로 삼았다. 지금 이 순간 한 치 앞을 내다볼 수 없을 정도로 캄캄하지만, 멈추지 않고 계속 걸어가기만 하면 언젠가 빛을 발견할 수 있을 것이란 희망을 갖기로 한 것이다. 그리고 인생은 세상과 사람들을 피해 어두운 곳으로 깊숙이 숨어드는 동굴이 아님을 세상 사람들에게 보여주기로 결심했다.

얼마나 고마운 세상인가? 그녀를 도우려는 사

람들이 여기저기서 나타났고, 결국 대학 졸업 후 혼자 미국 유학까지 갈 수 있게 되었다. 어학연수를 거쳐 보스턴대학교에서 재활상담학 석사, 컬럼비아대학교에서 사회복지학 석사, UCLA에서 박사학위를 받고, 귀국하여 한동대 교단에 섰다. 지금은 학교를 옮겨 이화여대 교수로 후배들을 가르치고 있으니 기적이 아닐 수 없다.

그렇다. 포기하지만 않으면 기적이 일어난다. 포기는 절망감에서 비롯된다. 절망적인 상황은 누구에게나 몰아닥칠 수 있다. 하지만 그런 상황에 쉽게 무릎 꿇는 사람이 있는가 하면, 희망의 끈을 놓지 않는 사람이 있다. 이지선, 그녀는 절망적인 운명과 화해하고 소중한 희망을 되찾았다.

미국의 유명 극작가 유진 오닐은 "희망은 삶 속에 존재하는 가장 위대한 힘이며, 죽음을 물리칠 수 있는 유일한 무기"라고 했다. 희망의 아이콘이 되어 고통받는 사람들을 위해 왕성하게 활동하고 있는 이지선은 최근 들어 새로운 좌우명을 하나 더 정했다고 한다. "오늘을 살자." 절망적인 상황을 극복할 수 있는 최고의 좌우명인지도 모르겠다. 과거를 원망하지도 미래를 걱정하지도 말고, 오로지 지금 현재에 충실하자는 메시지로 들린다.

메멘토 모리(Memento mori) ─────────

로마인에게서 배운 지식 탐구자의 겸손과 겸허

─이어령(초대 문화부장관)

고대 로마에서는 전쟁에서 승리한 개선장군이 시가행진을 할 때, 노예가 그 뒤를 따라 걸으면서 큰 소리로 "메멘토 모리(Memento mori)"를 외치게 했다고 한다. 라틴어로 '그대 역시 반드시 죽는다는 사실을 기억하라'는 의미다. 지금은 기세등등한 개선장군이지만 언젠가 죽을 것이니 너무 우쭐대지 말라는 뜻이었다.

이 시대 최고의 지성으로 불렸던 이어령(1934~2022)은 이 문구를 좋아해 인생 좌우명으로 삼았다. 탄탄대로 인생길이라도 속도조절을 하며 겸손하게 살려는 마음가짐이었을 터이다. 그의 인생은 참으로 화려했다. 서울대를 졸업하고 20대 젊은 나이에 중앙언론사 논설위원이 된 뒤 시인, 소설가, 평론가, 대학교수로 살다 문화부장관까지 지냈으니 세상 부러울 게 없었을 것이다.

하지만 그의 인생길에도 크나큰 고통이 있었다. 미국에서 변호사가 된, 아버지의 사랑이자 자랑이었던 딸이 결혼한 지 불과 5년 만에 이혼을 했고, 스물다섯 젊디젊은 외손자가 돌연사하는 아픔을 겪어야

삶이 너에게 레몬을 줄 때

했다. 후에 목사가 된 딸도 위암에 걸려 아버지보다 10년이나 먼저 세상을 떠나는 것을 지켜봐야 했다.

이어령에게 '메멘토 모리'는 아주 각별하게 다가왔을 것이다. 딸의 투병과 죽음을 통해 삶의 의미를 더욱 깊이 되새기지 않았을까 싶다. 진리 탐구에 몰두하며 종교와 거리를 두고 살던 그가 인생 말년에 결국 영성을 받아들인 데서 그의 고뇌를 읽을 수 있다. 그는 생전에 죽음은 출생의 자리로 돌아가는 것이지 영원히 닫혀버리는 어떤 결말이 아니라고 말한 바 있다.

"목숨은 태어날 때부터
죽음의 기저귀를 차고 나온다.
아무리 부드러운 포대기로 감싸도
수의(壽衣)의 까칠한 촉감은 감출 수가 없어.
잠투정을 하는 아이의 이유를 아는가."

이어령의 시 〈메멘토 모리〉의 시작 부분이다. 삶과 죽음이 한 뿌리임을 애써 강조하는 듯하다. 시에서 이어령은 인생의 허무만을 말하지 않는다. 누구에게나 죽음이 있기 때문에 삶이 값지고 아름답다는 사실을 전하려 했다. 그런 의미에서 '메멘토 모리'를 되도록 빨리 깨닫는 게 좋다고 시인은 노래했다.

그렇다. 죽음은 슬프고 두려운 것이지만, 누구에게나 닥치는 숙명이기 때문에 겸허하게 받아들일 줄 아는 마음가짐이 중요하다. 살다 보면 언젠가 자신의 죽음을 만나게 되고, 그에 앞서 부모형제나 친지의 죽음을 맞이하기도 한다. 죽음은 영원히 이별해야 하는 크나큰 아픔이지만 어쩔 수 없는 일이다. 회피하거나 금기시하기보다 이해하려고 노력해야 한다. 어떤 작가는 사랑하는 사람과 저녁 식탁에서 자연스럽게 죽음을 이야기할 수 있어야 한다고 했다. 그래야 막상 죽음이 닥쳤을 때 허무주의에 빠지지 않고 쉽게 극복할 수 있다는 것이다.

죽음을 익숙하게 받아들여야 하는 더 큰 이유는, 이어령이 말했듯이 현재의 삶을 더 아름답게 꾸미기 위해서이다. 누구든지 죽음을 생각하며 살아야 오늘을 충실하게 보낼 수 있다. 죽음이 가까이 있다는 사실을 알고 살아야 이웃에게 한껏 사랑을 베풀 수 있고, 현재 삶에서 행복을 느낄 수 있다.

그 반대도 마찬가지다. 레프 톨스토이는 이렇게 말했다. "삶을 깊이 이해하면 할수록 죽음으로 인한 슬픔은 그만큼 줄어든다."

마음을 다스리는 데
온 힘을 다할 것이다 ─────

17년 유배생활의 버팀목이 된 다짐

-정약용(조선시대 실학자)

1801년 11월, 다산 정약용(1762~1836)은 전라남도 강진에서 기나긴 유배생활을 시작했다. 대대적인 천주교 박해로 셋째형 정약종은 처형당하고, 둘째형 정약전 또한 흑산도 유배길에 올랐다. 당대의 석학인 정약용 형제들이 졸지에 폐족으로 전락하고 만 것이다.

머나먼 바닷가 낯선 땅 강진 주막에서 초겨울 밤을 보내며 그는 어떤 심정이었을까? 정약용은 1년 전 승하한 문화군주 정조의 총애를 받으며 고급 관리로 활약했다. 사간원 정언, 사헌부 지평, 홍문관 수찬, 병조 및 형조 참의, 좌부승지 등 그가 거친 벼슬을 보면 요즘 정치언어로 실세 중의 실세였다.

그런 사람이 갑자기 세상으로부터 잊히게 생겼다. 유배 생활이 장기화될 가능성이 높았기 때문이었다. 경우에 따라서는 갑자기 사약을 받아야 할지도 몰랐다. 얼마나 참담하고 암울했겠는가?

시간이 흐르면서 정약용은 마음공부를 시작했다. 아니 마음공부를 모든 공부의 중심에 두기로 결심하고 송나라 유학자 진덕수의 《심경(心經)》을 손에 들었다. 《심경》은 각종 유교 경전과 송나라 학자들의 저술에서 마음 다스리기에 도움이 될 만한 부분을 발췌해서 편찬한 책이다. 정약용은 이 책을 열심히 읽는 데 그치지 않고 각각의 문장에 자신의 생각을 담아 주석을 달았다. 그렇게 탄생한 책이 《심경밀험(心經密驗)》이다.

그는 《심경밀험》 서문에 이렇게 썼다. "나는 지금부터 죽는 순간까지 마음을 다스리는 데 온 힘을 다할 것이며, 경전 공부하는 일을 《심경》으로 끝맺을 생각이다." 이 말이 정약용의 좌우명이다. 그는 무려 17년 동안 계속된 유배 기간에 이 말을 끊임없이 되새기며 살았다. 실제로 마음공부에 매진했다.

그가 마음공부에 특별히 비중을 둔 이유는 무엇이었을까? 혼란스러운 자기 마음을 제대로 다스리지 못할 경우 폐인이 돼버릴지도 모른다는 위기감 때문이 아니었을까? 아마도 그는 자신을 버린 새 임금과 조정 사람들에 대한 원망, 가문과 가족을 지키지 못했다는 한탄과 자책, 불투명하기 짝이 없는 미래에 대한 걱정에 휩싸였을 것이다. 《심경밀험》을 읽어보면 그는 욕심 내려놓기를 마음공부의 핵심으로 삼지 않았나 싶다.

정약용은 하루빨리 유배에서 풀려나 다시 벼슬

삶이 너에게 레몬을 줄 때

길에 나설 수 있길 기대하기보다, 이참에 마음을 비우고 학문과 저술에 열중하기로 결심했다. 유배 기간을 진정한 학문을 할 수 있는 절호의 기회로 여겼다. 역사에 빛나는 책을 500여 권이나 남길 수 있었던 것은 그의 이런 독특한 긍정 마인드 덕분이었다.

고난을 당해 눈앞이 캄캄할 때 마음을 잘 다스리는 것은 참으로 중요하다. 가진 것을 모두 잃더라도 반듯한 마음만은 잃지 않아야 한다. 잃어버렸다면 속히 되찾아야 한다. 그래야 다시 일어설 수 있다.

마음공부가 중요한 또 하나의 이유는 마음이 편안해야 육체적 건강을 유지할 수 있기 때문이다. 마음과 육체는 하나임에 틀림없다. 정약용처럼 세속적 욕망에서 완전히 벗어나거나 삶의 참된 이유를 간직한다면 위기를 충분히 극복할 수 있을 것이다.

동양 최고 역사서 《사기》를 쓴 사마천은 생식기를 잘라내는 궁형이라는 치욕적인 형벌을 당하고도 죽지 않고 살아남았다. 그 이유는 오로지 역사서를 완성하라는 아버지의 유언을 지키기 위해서였다. 정약용도 인생 최악의 상황에서 학문에 인생을 걸었다. 둘 다 마음공부 덕분이다.

인생이란 나를 믿고 가는 것이다 ─────

청년 예술가가 방황 끝에 찾은 삶의 이유

-이현세(만화가)

《공포의 외인구단》을 그린 만화가 이현세(1956~)
에게는 슬픈 가족사가 있다. 분단과 전쟁에 따른 이
념 갈등, 유교의 보수주의와 가족주의 탓에 아버지
에 대한 뼈아픈 기억을 안고 산다. 사연을 정리하면
이렇다.

그의 아버지는 삼형제였다. 한국전쟁이 발발해
고향인 경북 울진(출생 당시는 강원도)이 북한에 점령
당하자, 집 나갔던 둘째가 인민군이 되어 나타났다.
그는 어른들에게 "곧 좋은 세상이 올 것입니다"라는
말 한마디를 남기고 훌쩍 떠나버렸다. 이 일로 수복
후에 남한 관청에서 나와 빨갱이 가족을 두었다며
첫째를 연행해 갔다. 얼마 전 결혼까지 한 첫째는 전
쟁이 끝난 다음에도 돌아오지 않았다.

삼형제 중 막내만 남게 되었다. 그 막내가 낳은
첫째아들이 바로 이현세다. 어른들은 집안의 대를
이어야 한다며 이현세가 태어나자마자 큰어머니 앞
으로 양자를 보냈다. 갓난아기 때부터 큰어머니를
친모로 알고 함께 살았으니, 당연히 친아버지와 친
어머니가 작은아버지와 작은어머니인 줄 알았다.

9세에 친아버지가 감전으로 갑자기 사망했으나 '작은아버지'가 돌아가신 게 그다지 슬프지 않았다. 장례식장에도 가지 않았다. 한참 세월이 흘러 그림 그리기를 좋아하던 이현세는 미대에 가려고 신체검사를 했다. 그러나 색약 판정으로 미대 진학의 꿈이 좌절되고 말았다.

그 무렵 이현세에게는 전혀 생각지도 못한 시련이 닥쳤다. 비밀로 묻어둔 가족사를 처음 알게 된 것이다. "작은어머니가 날 낳아준 친어머니라고? 9살 때 돌아가신 작은아버지가 내 친아버지라고? 나에게 이런 무시무시한 출생의 비밀이 있었다니…."

이현세는 방황의 수렁에 빠졌다. 그토록 좋아하던 그림도 눈에 들어오지 않았다. 앞날이 캄캄했다. 그때 친어머니, 즉 작은어머니의 한 맺힌 꾸지람이 귀에 들어왔다. "자식에게 따뜻한 밥 한 끼 먹이지 못한 어미의 마음을 네가 아느냐?"

눈물 흘리며 반성한 이현세는 그 길로 학창시절을 보낸 경주를 떠나 서울로 향했다. 그러고는 미술 인생의 차선책으로 만화를 그리기로 결심한다. 만화는 흑백만 구분하면 그릴 수 있기 때문이었다.

그는 책상 앞에 '진인사대천명(盡人事待天命)'을 크게 써 붙였다. 사람이 할 수 있는 것을 다한 다음 하늘의 뜻을 기다린다는 뜻이다. 이현세의 변함없는 인생 좌우명으로, 나중에 그는 '인생이란 나를 믿고 가는 것이다'라고 재해석하기도 했다.

큰 결심을 세운 다음, 그는 밤낮을 가리지 않고 만화만 그렸다. 최선을 다하는 사람은 하늘이 돕는 법이다. 1980년대 초 《공포의 외인구단》이 만화시장에서 인기몰이를 시작하였고, 《까치의 날개》 《남벌》 《천국의 신화》 등을 거치면서 어느덧 이현세는 만화계의 지존으로 우뚝 서게 되었다.

방황은 인생에서 누구나 한두 번 경험한다. 인생의 북극성을 아직 찾지 못한 사람도 있고, 찾았지만 갑자기 사라져버린 사람도 있다. 방황이 꼭 나쁜 것은 아니다. 자신을 재발견하고, 더 가치 있는 길로 안내하는 멋진 여정일 수도 있기 때문이다.

특히 젊어서의 방황은 긴 인생에서 좋은 약이 될 수도 있다. 혹시 적성에도 맞지 않은 길을 나섰다면, 잠시 방황하더라도 자신의 희망을 찾아 돌아오는 것이 좋다. 그래야 후회가 없다.

하지만 방황은 이현세처럼 짧아야 한다. 너무 길면 삶이 피폐해질 수 있다. 방황 끝에 새로운 길을 찾았으면 이제 앞만 보고 달려야 한다. 이럴 때 '인생이란 나를 믿고 가는 것이다'는 멋진 좌우명이 될 수 있다.

마음을 비운다 ━━━━━━

이기려는 마음조차 비웠다는 바둑계의 승부사

-조훈현(바둑기사)

1990년 2월 2일, 37세 스승과 15세 제자가 바둑판을 가운데 두고 마주앉았다. 바둑 최고위전 타이틀이 걸린 절체절명의 한 판. 두 기사는 무표정에 말 한마디 섞지 않았다. 끝나는 순간까지 승부를 가늠하기 힘든 초박빙 대국. 결국 어린 제자가 반집 차로 이기고 만다.

한국 바둑계를 평정하고 10년 이상 최정상을 지켜온 조훈현(1953~)이 내제자 이창호에게 처음 무릎을 꿇는 순간, 그의 기분은 어땠을까? 바둑에서 내제자란 스승이 데리고 살면서 가르치는 소년 기사를 말한다. 청출어람(靑出於藍)이란 말처럼 제자가 잘됐으니 뿌듯한 느낌도 조금 있었겠지만, 수치심을 피하긴 어려웠을 것이다. 마흔도 되기 전에 뒷방 늙은이로 전락하는 건 아닐까? 이런 불안감도 엄습했을 것이다.

실제로 조훈현은 이후 내리막길을 걷는다. 이창호, 유창혁 등 새카만 후배들이 치고 올라오면서 몰아치기 시작한 세대교체 바람을 정면으로 마주했기 때문이다. 세계 최초 바둑계 전관왕을 차지하고, 세계 최초 국제기전 그랜드슬램까지 달성한 바둑황제가 패배의 늪에 빠져 끝없는 추락을 경험해야 했다. 1995년에는 마지막 남은 대왕 타이틀마저 이창호에게 빼앗기면서 무관의 제왕이 되고 말았다.

하지만 그는 와신상담 끝에 재기했다. 분야를 막론하고 보통 제자가 정상에 오르면 스승은 점차 빛을 잃고 사라진다. 당시 바둑 팬들은 조훈현도 서서히 은퇴의 길을 밟을 것으로 예상했다. 그러나 그는 담배를 끊는 등 건강을 챙기면서 연구를 거듭한 끝에 전혀 새로운 스타일의 바둑을 선보인다. 전성기에는 주로 가벼운 행마를 선택했다면, 재기를 전후해서는 강한 화력을 주무기로 삼았다. 때문에 그의 별명도 '제비'에서 '전신(戰神)'으로 바뀌었다. 2002년 드디어 세계대회인 삼성화재배 우승컵을 안게 된다. 이후 약 10년 동안 꾸준히 체면을 지켰다.

그의 재기에는 정신적, 심리적 각성이 크게 작용했다. 인생 좌우명인 '무심(無心)'에 모든 것을 걸었다고나 할까. '마음을 비운다.' 복잡하게 사심을 가지면 아직 순수성을 지닌 젊은 기사를 상대하기 어렵다는 생각이 들었기 때문이라고 한다. 화려한 타이틀을 모두 빼앗기고 처음부터 다시 시작하는 마당에 큰 욕심을 낼 이유가 없지 않겠느냐는 생각도 들었을 것이다.

삶이 너에게 레몬을 줄 때

무관의 제왕이 되었을 때 그의 심정을 들어보자. "집으로 돌아오는데 이상하리만큼 마음이 홀가분하더라. 정상에 오를 때는 정상만 바라보며 올랐고, 오르기만 하다 보니 진다는 것을 전혀 몰랐다. 하나둘씩 타이틀을 빼앗길 때는 불안했지만, 더 이상 잃을 것이 없게 되니 오히려 편안해지더라." 가진 게 아주 많은 사람이 갑자기 모든 걸 잃어버렸을 때 이런 마음이 생기지 않을까?

조훈현은 이런 평정한 마음을 재기의 밑거름으로 삼은 듯하다. 못 이긴다고 마냥 속상해할 것이 아니라 어차피 지는데 한 번이라도 이겨보자고 소박하게 마음먹은 게 주효하지 않았을까? '무심(無心)'은 사용자나 사용처에 따라 여러 의미를 지닌다. 조훈현의 좌우명 '무심'은 어떤 의미일까? 과거의 영광은 싹 잊어버리고, 욕심부리지 말고, 주어진 상황을 정확히 파악해서 최선을 다하자는 마음가짐이라고 해야겠다.

"이겨야겠다는 생각조차 하면 안 된다. 그냥 최선을 다해 경기에 임할 뿐이다." 재기한 바둑황제가 한 말이다.

슬퍼하는 자같이 보이지만
실은 늘 기뻐한다 ────────

정신질환 예술가를 포근하게 감싸준 성경 구절

-빈센트 반 고흐(네덜란드 출신의 프랑스 화가)

미술사에 위대한 발자국을 남긴 빈센트 반 고흐 (1853~1890). 하지만 살아생전에 그는 '성공한 화가' 로 인정받지 못했다. 그림이 팔리지 않아 죽는 날까지 가난과 싸워야 했다. 공식 확인된 바로는 〈아를의 붉은 포도밭〉단 한 점을 400프랑(약 100만원)에 팔았을 뿐이라고 한다. 지금 고흐의 위상을 보면 전혀 믿을 수 없는 이야기들이 전해 내려온다.

"파리 경매시장에서 그림 10장을 50상팀(커피 두 잔 값)에 팔아야 했다."

"고물상에 그림을 팔았더니 상인이 물감을 긁어내고 중고 캔버스로 팔아넘겼다."

"어떤 노인에게 빌린 돈을 갚으려고 그림 한 수레를 보냈더니 갚은 것으로 하겠다며 그림을 모두 돌려보냈다."

과장된 이야기겠지만, 고흐가 그림을 제대로 팔지 못한 건 사실이다. 그래서 전문 화상인 동생에게 평생을 경제적으로 의존해야 했다. 27세 무렵부터 본격적으로 그림을 그리기 시작해 불과 10년 만인

37세에 생을 마감하는 바람에, 이름을 알리는 데 한계가 있기도 했다. 사후 30년이 지나서 불세출의 화가로 명성을 얻었지만, 아쉽게도 생전에는 크게 인정받지 못했다.

고흐는 사랑을 얻지 못하고 매번 짝사랑에 울어야 했다. 20세 무렵 런던에서 화랑 일을 할 때 약혼자가 있는 하숙집 딸을 연모해 청혼했으나 한마디로 거절당했고, 그 상처와 후유증이 매우 컸다. 28세 무렵에는 남편과 사별하고 슬픔에 빠져 있던 외사촌 누나에게 사랑을 애걸했지만 또다시 거절당했다. 사랑에 실패한 고흐는 임신한 매춘부와 동거하게 되고, 이 때문에 부모와 형제들에게 세찬 비난을 받아야 했다. 매춘부와 헤어지고 나서는 죽을 때까지 혼자였다. 당연히 남겨진 자녀도 없다.

고흐의 37년 짧은 삶을 들여다보면 기쁠 일이 거의 없어 보인다. 그는 할아버지와 아버지처럼 목사가 되어 힘들게 살아가는 사람들을 구제하고자 했지만 꿈을 이루지 못했다. 그렇지만 기독교에 대한 열정은 뜨거웠다. 그림 그리기를 무척 좋아하던 고흐는 렘브란트처럼 성화(聖畵)를 열심히 그리는 것도 하느님의 말씀을 전하는 좋은 전도 방법이라고 생각하기에 이른다.

이즈음 그는 신약성경에 나오는 멋진 문장 하나

를 인생 좌우명으로 삼게 된다. "슬퍼하는 자같이 보이지만 실은 늘 기뻐한다." 예수 그리스도의 복음을 전하는 데 평생을 바친 바오로 사도가 한 말이다. 고흐에게 매우 잘 어울리는 좌우명 같다. 지금 이 순간 슬픔이 크지만, 기쁜 마음으로 전력을 다해 좋은 그림을 그리겠다는 강한 다짐으로 들린다.

고흐는 경제적 어려움에도 불구하고 프랑스 곳곳을 옮겨 다니며 그림 그리기에 몰두했다. 발작을 일으켜 수시로 정신병원을 드나들면서도 붓을 놓지 않았다. 그가 남긴 작품 대부분을 정신질환으로 고통받던 시기에 그렸다는 사실을 믿을 수 없을 정도이다.

우리는 고흐에게서 슬픔 속에서 기쁨을 찾는 위대한 예술가의 영혼을 본다. 그는 폭풍우가 쉼 없이 몰아치지만 언젠가는 걷힐 것이란 믿음을 갖고 살았을 것이다. 고통을 극복하는 데서 인생의 의미를 찾겠다는 의지도 강했을 것이다.

하지만 가난한 화가는 동생에게 경제적 부담을 지우고 있다는 죄책감을 이기지 못해 스스로 목숨을 끊고 말았다. 나이 예순만 넘겼어도 생전에 큰 영광을 누릴 수 있었을 텐데…. 시간이 덜어주지 않는 슬픔은 없다는 사실을 그는 왜 몰랐을까?

삶이 너에게 레몬을 줄 때

내 인생의 가장 큰 업적은
살아 있다는 것 —————

시한부 선고에도 55년을 더 버티게 한 응원가

-스티븐 호킹(영국의 천체물리학자)

영국 옥스퍼드대학교에서 물리학을 전공하던 스무 살 청년. 도서관 앞 계단을 내려오다 갑자기 몸에서 힘이 빠지면서 넘어졌다. 어이없는 일이었다. 헛디뎠거니 생각했지만, 얼마 뒤 같은 일이 또다시 일어났다. 3년 전 입학해 줄곧 조정선수로 활동할 정도로 건강을 자신했던 그다.

청년은 이듬해 케임브리지대학교 대학원에 진학했다. 친구들과 함께 중동여행을 다녀올 정도여서 건강을 크게 걱정하지 않았지만, 힘이 빠지는 증상은 계속해서 가끔씩 나타났다. 병원을 찾은 청년은 의사로부터 청천벽력 같은 진단을 받게 된다.

"루게릭병입니다. 몸속의 운동신경이 차례로 파괴되고 전신이 뒤틀리게 됩니다. 통계적으로는 2년 이상 생존하기 어렵습니다."

인류 최고의 지성, 현대 과학의 아이콘으로 불렸던 스티븐 호킹(1942~2018) 박사의 이야기다. 그는 시한부 3년을 선고받았지만, 무려 55년 뒤인 76세까지 살다 갔다. 오진 논란 속에 의학계에선 기적이라고 불린다.

호킹의 삶은 의학적인 기적 이전에 인간 승리의 상징이다. 그는 시한부 선고를 받고도 동요하지 않았다. 온몸에서 점점 힘이 빠지기 시작했지만, 학문에 대한 열정은 오히려 그때부터 불타올랐다. 움직이기 힘들어서 무거운 특수장비와 컴퓨터를 장착한 휠체어에 의지해야 했지만, 연구와 저술, 강연 활동은 전혀 위축되지 않았다. 다행스럽게 사랑도 하고 결혼도 했으며, 자녀도 가질 수 있었다.

블랙홀과 빅뱅 연구에서 획기적인 성과를 내면서 세계적인 명성을 얻었고, 그에 힘입어 호킹을 대표하는 책 《시간의 역사》는 40개국의 언어로 번역되어 천만 부 이상 팔렸다. 사상 최연소 영국왕립학회 회원이 되는 영광을 누리기도 했다. 경제적 부를 이룩한 것은 말할 필요도 없다.

호킹은 루게릭병과 싸우면서 "내 인생의 가장 큰 업적은 살아 있다는 것"이란 말을 즐겨 했다. 그의 인생 좌우명이라 할 수 있다. 처음 의사가 시한부 선고를 내렸을 때 얼마나 두려웠겠는가. 43세에 목소리까지 잃고 사실상 전신마비가 찾아왔을 때는 모든 걸 포기해야 하나 싶을 정도로 암담했을 것이다.

병마와 싸운 55년 내내 그는 삶과 죽음의 경계

삶이 너에게 레몬을 줄 때

선에 놓여 있었다고 할 수 있다. 갑자기 죽음이 찾아올지 모른다는 공포가 도사리고 있었기 때문이다. 하지만 그는 절망하거나 좌절하지 않았다. 연구와 강연을 계속했으며, 건강한 사람들에게 오히려 위로와 희망의 메시지를 던졌다. "발밑만 내려다보지 말고 고개 들어 별을 바라보라." 이 얼마나 멋진 말인가.

그렇다. 호킹의 가장 큰 업적은 위대한 과학적 성취가 아니라, 극한의 역경에도 쓰러지지 않고 힘차게 살아갈 수 있음을 전 세계인에게 보여주었다는 데 있다. 살아 있다는 사실은 누가 뭐래도 개개인에게 가장 중요한 명제이기 때문이다.

사실 질병이나 장애는 인생의 동반자라 할 수 있다. 누구나 어느 정도의 차이가 있을 뿐 온갖 질병이나 장애와 더불어 살아간다. 그러므로 희망을 갖고 주어진 시련을 당당하게 극복하려는 사람에겐 별것 아닐 수 있다. 시련의 크기만큼 인생길의 귀한 채찍이 될 수도 있기 때문이다.

좌절하지 않는 것이 무엇보다 중요하다. 오늘 이 순간 살아가기 힘들다는 생각이 들면, 휠체어에 비스듬히 꺾인 자세로 앉아 온갖 특수장비에 의지해 세상과 소통하는 호킹의 모습을 떠올려보라. 누구에게나 살아 있는 한 희망은 있다.

상처에 의해 정신이 성장하고
새 힘이 솟는다 ————

젊은 시절 상처투성이였던 초인의 긍정 마인드

-프리드리히 니체(독일 철학자)

인생을 살면서 상처 없는 사람이 있을까? 상처는 숙명이다. 크고 작음의 차이가 있을 뿐 누구에게나 상처가 있기 마련이다. 남들이 크게 부러워할 정도로 성공하거나 행복해 보이는 사람도 말 못할 상처를 안고 사는 경우가 많다.

기존의 낡은 가치를 깨부수는 '망치'를 들고 20세기의 문을 연 철학자 프리드리히 니체(1844~1900)는 '상처'라는 단어가 포함된 문장을 자기 좌우명으로 삼았다. "상처에 의해 정신이 성장하고 새 힘이 솟는다." 1888년, 44세에 출간한 《우상의 황혼》서문을 장식한 표현이다. 그는 죽는 날까지 이 문장을 무척 좋아했다.

그는 왜 상처라는 단어를 좌우명에 썼을까? 자신이 평소 상처를 많이 받았으니 그것을 극복해야겠다고 다짐했을 것이다. 실제로 니체의 청춘은 상처투성이였다. 5살 어린 나이에 목사였던 아버지를 잃고 외가에서 눈칫밥을 먹어야 했고, 어린 시절 학교에선 내내 외톨이 신세였다.

대학시절에는 프로이센-프랑스 전쟁에 참전했는데, 입대한 지 얼마 되지 않아 이질과 디프테리아에 걸려 제대해야 했다. 24세에는 운 좋게도 스위스 바젤대학교 고전문헌학 교수가 되었으나 건강 악화로 35세에 그만두어야 했다. 38세에는 지성과 미모를 갖춘 여성 루 살로메에게 첫눈에 반해 청혼했으나 일언지하에 거절당했다. 또한 극심한 편두통과 고도 근시가 그를 평생 괴롭혔다.

교수직에서 물러난 이후 니체는 이탈리아 북부와 프랑스 남부 지방에서 요양하며 저술에 몰두했다.《차라투스트라는 이렇게 말했다》를 비롯한 대부분의 저서가 교수 은퇴 이후의 성과물이다.

니체는 저술활동을 하는 동안에도 정신적 상처를 많이 입었다. 소크라테스, 플라톤, 칸트, 루소 등 유럽 지성의 대들보에다 가차 없이 망치질을 해댔으니, 당대 철학자들의 비판과 비난이 컸던 것은 당연한 일이다. 전통적 형이상학을 반드시 파괴해야 할 우상으로 규정하고 거침없이 자기 주장을 펼쳤던 니체. 그가 주장한 이론은 근현대 철학사를 새로 써야 할 정도로 위대한 것이었다. 신은 죽었다, 초인, 영원회귀, 운명애(아모르 파티)….

니체는 허무주의 철학자이지만, 그 자신이 허무

주의자는 아니었다. 상처 입은 사람이 그 상태에 머물면 안 된다고 했다. 누구나 상처를 경험함으로써 정신의 성장과 함께 삶의 활력을 얻어야 한다고 했다. 상처 속에서 치유의 힘을 발견하라는 주문이다.

니체는 고통에 대한 처방은 고통이라고 했다. 고통이 몰아칠 때 움츠러들지 말고 정면으로 대응하라는 뜻이다. 남들이 겪고 있는 불행이라면 자청해서라도 직접 겪어보라는 메시지다. 밤이 되어야 별을 볼 수 있듯이, 불행을 경험해봐야 행복을 만끽할 수 있다는 말과 일맥상통한다.

그의 이런 주장은 주체적인 삶을 전제로 한다. 타인의 잣대, 타인의 눈높이에 맞추려고 애쓰기보다 자기 운명을 사랑하고, 그것을 통해 행복을 찾아야 한다는 것. 이를 위해서는 자기 삶을 스스로 개척해 나가야 한다. 그 과정에서 발생하는 상처나 고통은 어렵지 않게 극복할 수 있다.

상처를 빨리 아물게 하는 데는 긍정 마인드가 상책이다. 평생 병으로 고통받은 괴팍한 성격의 소유자라서 웃음과는 거리가 먼 것처럼 보이는 니체도 웃으라고 주문했다. "오늘 가장 잘 웃는 자가 최후에도 웃을 것이다."

고난을 헤치고 환희로 ─────────

청각장애를 극복한 위대한 악성의 희망가

-루트비히 판 베토벤(독일 음악가)

베토벤(1770~1827)의 제9번 교향곡 〈합창〉을 자주 듣는 편이다. 아침 식탁에서 만나는 악성의 아름다운 선율은 적잖이 큰 행복이다. 많은 사람들이 좋아하듯, 그 가운데 '환희의 송가'라 불리는 제4악장을 특별히 즐긴다. 경쾌하면서도 변화무쌍한 리듬감이 하루의 시작을 활기차게 열어준다.

오케스트라 오프닝 연주에 이어 베이스 독창자가 일어나서 "오 친구여, 이런 곡조는 아니오, 더 즐겁고 환희에 찬 곡조를 노래합시다"라고 부르짖는다. 그러고는 힘찬 기쁨의 선율이 펼쳐진다. 뒤이어 터키풍 행진곡과 느리면서도 장중한 음악, 환상의 멜로디가 어우러진 변주, 소나타와 협주곡이 합쳐진다. 가사 한마디만 음미해보자.

"이 세상 모든 존재는 환희를 마셔라

자연의 품속에서

착한 사람이나 악한 사람이나

환희의 장미 핀 오솔길로 나아가라."

베토벤이 이 교향곡을 완성한 시기는 죽기 불과 3년 전인 1824년, 54세 때였다. 그의 음악인생을 마무리하는 최고의 걸작이다. 그러나 오스트리아 빈의 한 극장에서 이 곡이 처음 연주되었을 때, 베토벤은 청중들의 환호를 전혀 알아차리지 못했다. 안타깝게도 이미 귀가 거의 들리지 않았던 것이다. 하지만 30여 년 전부터 구상했던 필생의 작품이 대성공을 거뒀다는 소식에 그는 더없이 기뻤을 것이다. 그에게 이 곡은 고난 극복의 상징이기도 했기 때문이다.

베토벤은 작곡과 피아노 연주로 유럽에 어느 정도 이름이 알려지던 26세 무렵부터 청각이 약해지기 시작했다. 음악가에게 청각장애는 치명적인 질병이기에 실의에 빠진 것은 당연하다. 하지만 그는 주저앉지 않았다. 주어진 고난에 무릎 꿇지 않으리라 거듭 다짐했다. "어떤 일이 있어도 운명에 굴복해서는 안 돼. 단호하게 운명의 멱살을 잡고 말 거야."

그는 독일 작가 프리드리히 실러의 시 〈환희에 붙임〉에서 큰 용기를 얻었다고 한다. 언젠가는 반드시 이 시를 재구성해 교향곡을 만들기로 다짐한다. 그리고 마음에 와 닿는 시구 '고난을 헤치고 환희로'를 인생 좌우명으로 삼았다.

하지만 청각장애를 안고 살아가면서 얼마나 불안이 컸겠는가. 베토벤은 32세 때 자살을 결심하고 동생 앞으로 유서를 썼다. 하지만 다시 마음을 고쳐먹는다.

"죽음이여 언제든지 오라. 나는 당당히 네 앞으로 가 너를 맞으리라." "그러나 예술에 대한 나의 열정을 여기서 멈추게 할 수는 없지."

베토벤의 위대함은 음악적 성취만으로는 설명하기 어렵다. 불굴의 의지로 운명과 맞서 싸워 이긴 인생 승리자이기에 더 위대하다. '고난을 헤치고 환희로'라는 좌우명이 그의 삶과 음악에서 온전히 실현되었기에 후세 사람들에게 칭송받는 것이리라. 그는 지금 이 순간 실의에 빠져 허우적거리는 사람들에게 희망의 에너지를 전해준다.

인생은 누구에게나 고난과 고통의 연속이다. 생로병사 모든 게 고통이라고 했다. 이 세상 태어나는 것조차 고통이라 하는데 무슨 말을 더 하겠는가. 하지만 불굴의 의지로 극복하지 못할 고난과 고통은 없다. 신은 공평하다. 포기하지만 않으면 고난 뒤에 반드시 성공과 행복이 손짓한다. 고난이 환희와 행복의 출발점일 수도 있다.

《채근담》이 용기를 더해준다. "역경과 곤궁은 호걸을 단련하는 도가니나 망치와 같다." 역시 고진감래(苦盡甘來), 고생 끝에 낙이 온다.

이 또한 지나가리라 ─────────

일희일비하지 말라는 솔로몬의 지혜로운 조언

-에이브러햄 링컨(미국의 제16대 대통령)

옛 이스라엘의 다윗 왕이 어느 날 보석 세공사를 불러 다음과 같이 지시했다.

"나를 위해 반지를 하나 만들어라. 그리고 현자들의 도움으로 내가 큰 전쟁에서 승리해 사람들이 환호할 때도 교만하지 않고, 내가 큰 고통의 골짜기에 빠질 때도 좌절하지 않고 용기를 얻을 수 있는 글귀를 반지에 새겨넣도록 하라."

반지를 만든 세공사는 현명하기로 소문난 솔로몬 왕자를 찾아가 왕의 말을 전했다. 솔로몬은 곧바로 이런 글귀를 그에게 건네주었다. '이 또한 지나가리라.' 다윗 왕은 이 글귀가 새겨진 반지를 받고 흡족해하며 큰 상을 내렸다.

이 이야기는 유대인의 전승 우화로 알려져 있다. 중세 페르시아의 어느 시인이 자신의 시에 '이 또한 지나가리라'를 인용했다고 하는데, 에이브러햄 링컨(1809~1865)이 연설에서 사용하면서 유명해졌다. 링컨은 1859년 9월 미국 위스콘신주에서 열린 어느 농업 행사에서 이렇게 말했다.

"동방의 어떤 왕이 현자들에게 자신이 어떤 상

황에서나 가슴에 되새길 만한 문장을 하나 만들어 달라고 부탁했답니다. 현자들은 그에게 다음과 같은 문장을 주었습니다. '이 또한 지나가리라.' 얼마나 많은 것을 포함하고 있는지요! 자만심에 빠졌을 때 얼마나 정신 차리게 해주는지! 고통의 시간에 얼마나 위안을 주는지!"

링컨은 일찌감치 이 문구를 인생 좌우명으로 삼았다. 교만하지도, 좌절하지도 않는 평정심을 지키고 싶어서였을 것이다. 좌우명에 따라 그저 묵묵히, 그러나 열정적으로 하루하루를 살았다. 이 연설을 하고 1년이 지나 대통령이 된 링컨은 노예제를 폐지하고, 미국 역사상 최대의 위기인 남북전쟁을 승리로 이끌었다.

얼핏 생각하기에 링컨의 56년 인생이 화려했을 것 같지만 고난과 고통의 연속이었다. 가난한 시골 목수의 아들로 태어나 불과 9세에 어머니가 돌아가셨고, 19세에 유일한 피붙이 누나를 잃었으며, 27세에는 사랑하는 약혼녀의 죽음을 경험해야 했다.

사업에 두 번이나 실패했으며, 의원 선거와 공천에서 여러 번 낙선의 고배를 마셨다. 그의 아내는 히스테리 증세가 심했고, 41세에 둘째아들, 53세에 셋째아들을 잃는 아픔을 겪어야 했다. 대통령으로 재임한 4년은 내내 피비린내 나는 전쟁 속에서 노심초

사하며 보냈다.

공식적인 이력만 봐도 링컨에게는 쾌락이나 환희보다 고난과 고통이 더 많았을 것 같다. 링컨이 왜 오랫동안 우울증에 시달렸는지 짐작할 수 있다. 그는 자기도 모르게 순간적으로 자살을 결행할지 모른다고 생각하고 권총이나 칼을 평생 몸에 지니지 않았다.

연이은 실패로 눈앞이 캄캄할 때 '이 또한 지나가리라'를 되뇌면 많은 위안이 되었을 것이다. 또한 이 좌우명은 그가 대통령 선거에 당선되고 남북전쟁에서 승리했을 때, 자만에 빠지지 않도록 붙들어주는 역할을 했을 것이다.

이 문구를 보면 불교에서 말하는 '제행무상(諸行無常)'이 떠오른다. 우주 만물은 항상 돌고 변하여 잠시도 한 모양으로 머무르지 않는다는 뜻이다. 아무리 큰 슬픔이 닥치더라도 어느 정도 시간이 지나면 반드시 기쁨이 찾아올 것이다. 반대로 지금 큰 기쁨을 누리는 사람도 언제 어디서 슬픔의 골짜기로 걸어 들어갈지 모른다. 누구에게나 인생은 그런 것이다.

그러므로 세상만사 일희일비할 이유가 없다. 특히 지금 이 순간 삶이 아무리 고달파도 포기해선 안된다. 절망의 문 뒤에는 언제나 희망이 미소 짓고 있기 때문이다.

2

갈망이 모든 성취의

시작점이다

"

인생에
해결책 따위는 없어,
추진력만
있을 뿐이야.

"

꿈꾸는 자만이 자유로울 수 있다 ————

자신의 욕망을 욕망하라는 사업가의 외침

-김범수(카카오 창업자)

카카오를 창업한 김범수(1966~)는 부자가 되는 것이 꿈이었다. 어린 시절 지독한 가난을 경험했기 때문이었다. 오남매 중에서 혼자만 대학에 진학할 수 있었다. 장남인 그는 혈서까지 써가며 열심히 공부한 끝에 서울대 산업공학과에 합격했다.

미래가 불투명하던 대학시절, 그는 돈을 벌기 위해 신기술, 특히 컴퓨터에 승부를 걸기로 결심한다. 석사학위 졸업 논문을 준비할 때였다. 우연히 후배 자취방에 들렀다가 사설 전자게시판(BBS)을 접하고 큰 충격을 받았다. BBS란 당시 10명 정도 동시 접속해 채팅 등을 할 수 있게 지원하던 네트워킹 시스템을 말한다.

컴퓨터 네트워킹이 미래의 주요 먹거리가 될 것이라 예감한 김범수는 졸업과 동시에 삼성 SDS에 입사한다. 1995년, 그곳에서 유니텔 설립에 핵심 역할을 담당하면서 통신시장의 대세가 PC에서 인터넷으로 바뀌고 있음을 직감하게 된다.

"인터넷으로 게임 사업부터 해보자." 김범수는 1998년 여름, 한양대 근처에 전국 최대 규모 PC방을 열었다. 장사가 잘되자 직장에 사표를 내고 그해 말 게임회사 '한게임'을 창업했다. 그의 사업은 이렇게 시작되었다. 네이버와의 합병과 결별, 카카오의 모태가 되는 아이위랩 설립, 다음과의 합병 등 우여곡절 끝에 김범수는 카카오를 IT 대기업으로 성장시키는 데 성공했다.

김범수는 영혼이 자유로운 사람이다. 그래서 매사에 여유가 있다. 자유로움 속에서 꿈을 키웠고, 창의력이 매개체 역할을 했다. 그는 네이버와 결별한 뒤 미국과 한국을 오가며 약 3년 동안 게임과 음악, 독서, 여행에 푹 빠져 살았다. 미국에서 중고등학교를 다니던 두 자녀도 휴학을 하고 온 가족이 마음껏 놀고 여행을 다녔다.

스마트폰이 개발되자 그는 발 빠르게 카카오톡을 출시해 대박을 터트린다. 모바일 메신저 시대의 개막을 누구보다 먼저 내다본 것이다. 남다른 상상력과 창의력 덕분이었다.

김범수의 인생 좌우명을 눈여겨볼 필요가 있다. "꿈꾸는 자만이 자유로울 수 있다." 그는 끊임없이 꿈을 꾸는 사람이다. 공허한 꿈이 아니라 시대를 한 발 앞서가는 통찰력 있는 꿈이다. 영혼은 꿈속에서 자유로워질 수 있다. 반대로 영혼의 자유로움 속에서 새로운 꿈을 꿀 수 있다. 그래서 꿈과 자유는 한

묶음이다.

꿈이 없다고 말하는 젊은이가 적지 않다. 종착할 항구가 없으니 선장도 선원도 마냥 일손을 놓고 있는 형편이다. 먼 바다에서 표류하는 배처럼 앞날이 불투명할 수밖에 없다. 성장기에 자기 주도적인 삶을 살지 못하고 부모에게 모든 걸 의지했던 사람에게서 흔히 볼 수 있는 모습이다. 이런 사람은 하루빨리 부모 영향력에서 벗어나야 한다.

인생의 꿈은 남의 시선이나 바람에서 벗어나 나의 행복을 설계하는 데서 출발해야 한다. '인간은 타자의 욕망을 욕망한다'라는 철학자 자크 라캉의 진단에 반기를 들고 새로운 처방전을 내놔야 한다. 자기 자신의 욕망을 가장 정확히 아는 사람은 바로 자기 자신이다.

자신의 욕망을 발견하고 스스로 꿈을 꾼다면 삶에 열정이 생긴다. 이런 사람의 인생길은 두말할 것 없이 탄탄대로다. 하늘도 스스로를 돕는 자를 돕는다고 했다.

아름다운 도전

포기 직전에 마음을 바꾼 운명의 결단

-조수미(성악가)

한국이 낳은 세계적인 성악가 조수미(1962~)는 강렬했던, 그러나 이루지 못한 첫사랑을 간직하고 있다. 불행일까 다행일까? 만약 첫사랑이 결실을 맺었다면, 천상의 목소리를 가진 세계적인 프리마돈나 조수미는 탄생하지 못했을지도 모른다.

서울대 음대에 수석으로 입학한 그녀는 2학년에 올라가자마자 경영대에 다니던 동갑내기 K에게 마음을 빼앗겼다. 당시 K에겐 다른 여자친구가 있었다. 조수미도 그 사실을 알았지만, K에게 "나와 그 친구 중에 선택하라"며 과감하게 대시한 결과 K의 마음을 얻는 데 성공했다.

모범생 조수미는 연애를 시작하면서 학업을 완전히 내팽개쳐버린다. K와 함께 다방, 극장, 디스코 클럽에 다니느라 수업은 물론 시험까지 빼먹었다. 세계적인 성악가가 될 것이라며 한껏 기대했던 부모님과 지도교수의 조언과 꾸지람도 소용없었다. 낙제 과목이 속출하고, 졸지에 학점은 바닥을 쳤다. 졸업정원제가 있던 시절이라 수석 입학한 조수미라도 제적을 피할 수 없었다.

삶이 너에게 레몬을 줄 때

인생의 기로에 섰다. 지도교수의 조언에 따라 이탈리아로 유학을 떠날지, 연애를 계속할지 결정하지 않으면 안 되는 절체절명의 상황이 온 것이다. 자신의 타고난 목소리와 음악적 재능을 누구보다 잘 아는 조수미는 다행히 유학을 결심하게 된다. 이 결단을 그녀는 '아름다운 도전'이라고 명명했다. 이 문구는 조수미의 평생 좌우명으로 자리잡았다. K도 유학을 막지 않았다.

이때가 그녀의 두 번째 음악인생이 시작된 시기다. 조수미의 도전은 곧바로 아름다운 결실을 맺기 시작한다. 5년 과정인 로마의 산타 체칠리아 음악원을 2년 만에 졸업하는 천재적 역량을 발휘하는가 하면, 불과 24세에 오페라 〈리골레토〉의 질다 역으로 세계 무대에 당당히 데뷔하는 데 성공했다.

조수미는 얼마 안 가 명실상부한 세계 최고 소프라노에 등극한다. 30세가 되기 전에 세계 5대 오페라극장 주연, 동양인 최초 6개 국제콩쿠르 석권, 동양인 최초 황금기러기상(최고의 소프라노) 수상, 동양인 최초 그래미상(클래식 부문)을 받았다. 오랫동안 세계 최고 프리마돈나 자리를 지켜온 조수미는 2018년 평창 동계패럴림픽 공식 주제가 〈Here as ONE〉을 개막식 무대에서 선보이기도 했다.

인생에서 도전은 필연이다. 크든 작든 도전이냐,

포기냐를 선택해야 하는 경우가 많다. 도전은 열정을 필요로 하기 때문에 누구나 일단 주저하는 경향이 있다. 그 과정이 힘들기도 하지만 실패 뒤에 오는 고난과 고통이 두렵기 때문이다. 도전하지 않고 포기하면 만사 편하긴 하다. 조수미도 유학을 가지 않고 연애와 결혼에 만족했다면 보다 편한 인생길을 걸었을 수도 있다. 하지만 포기에 따른 아쉬움과 후회는 엄청 컸을 것이다.

도전이란 정면으로 맞서 싸움을 건다는 뜻이다. 주어진 목표를 향해 과감하게 장애물을 뛰어넘어야 한다. 이 세상 모든 위대함은 도전의 결과물이다. 그래서 도전은 항상 아름답다. 조수미가 이렇게 말하는 이유이기도 하다. "나의 아름다운 도전은 내 생이 끝날 때까지 계속될 것이다."

여기서 중요한 것은 굳센 믿음이다. 성공할 수 있다는 믿음과 자신감을 가져야 한다. 믿음이 강해야 열정이 생기는 것은 너무나 당연하다. "사람들은 믿음이 부족하기 때문에 도전을 두려워한다. 그래서 나는 스스로를 믿는다." 권투선수 무하마드 알리가 남긴 말이다.

재능이 남만 못하다고
스스로 한계를 짓지 말라 ─────

학습부진을 극복하려는 독서왕의 눈물어린 다짐

-김득신(조선 중기 문신)

조선 중기 시인이자 문장가 김득신(1604~1684)을 보면 머리 나빠 공부 좀 못한다고 좌절할 일이 절대 아니다. 누구나 꾸준히 노력하면 언젠가 목표를 이룰 수 있음을 온몸으로 보여준 사람이다. 대기만성의 전형이다.

그는 소문난 학습 지진아였지만 끈질기게 공부한 결과 38세에 진사시험에 합격하고, 58세에 과거시험 문과에 급제했다. 요즘으로 치면 지능이 낮아 학창 시절 성적이 꼴찌 근처를 맴돌았으나, 열정적인 독서에 힘입어 50세 무렵 9급 공무원이 되고, 70세에 고등고시에 합격하는 저력을 보여준 셈이다.

김득신은 할아버지가 임진왜란 때 큰 공을 세운 진주목사 김시민이고, 아버지 김치는 경상도 관찰사를 지낸 명문가 집안에서 태어났다. 그러나 어릴 적 천연두를 심하게 앓아 뇌가 손상되었는지 학습 성취도가 지나치게 낮았다. 금방 배운 것도 돌아서면 잊어버렸다. 열 살이 넘어서야 떠듬떠듬 책을 읽을 수 있었고, 스무 살 무렵에야 겨우 글을 지을 수 있었다.

그의 건망증에 관한 유명한 일화가 있다. 말을 타고 어느 집 앞을 지나가는데 선비가 글 읽는 소리가 들렸다. 아주 익숙한 문장인데 어디서 읽었는지 도무지 기억나지 않았다. 그때 말을 몰던 하인이 말했다. "나리께서 하도 많이 읽어 저도 들어서 아는데 사마천의 〈백이전〉에 나오는 문장이잖아요."

김득신은 남과 같은 수준으로 책을 읽어서는 결코 남을 따라갈 수 없다는 것을 깨달았다. 주변 사람들이 공부로는 출세하기 어렵겠다며 책 읽기를 만류했지만 김득신은 포기하지 않았다. "남이 한 번 읽으면 나는 열 번 읽고, 남이 열 번 읽으면 나는 백 번 읽지 뭐."

그는 실제로 그런 자세로 독서를 했다. 책을 억만 번 읽어야 한다는 의미에서 서재 이름을 아예 억만재(億萬齋)라 지었다. 그의 독서량을 살펴보자. 그가 남긴 《독수기(讀數記)》에 따르면 평생 1만 번 이상 읽은 책만 36권이나 된다. 〈백이전〉은 무려 11만 3천 번 읽었다고 한다. 《대학》《중용》《장자》 등도 수없이 읽었지만, 1만 번을 못 채웠기 때문에 이 글에서 제외한다고 기록되어 있다. 이 세상 최고 독서왕이라 하지 않을 수 없다.

그는 일찌감치 '재능이 남만 못하다고 스스로 한

계를 짓지 말라'를 인생 좌우명으로 삼았다. 후학들에게 자신의 이런 생각을 전하면서 모든 것은 힘써 노력하는 데 달려 있음을 강조했다. 그는 노년이 되어서야 과거에 급제했지만, 뛰어난 문장력을 평가받아 제대로 된 관직을 여럿 역임했다. 종2품 가선대부에 올라 안풍군에까지 책봉되었다. 그의 묘지에도 이 좌우명이 새겨져 있다.

지능이나 학습능력이 다소 떨어지는 학생들에게 큰 위안이 되는 이야기다. 그렇다. 김득신처럼 포기하지 않고 끈질기게 노력하는 사람은 반드시 꿈을 이루게 돼 있다. 재능을 타고났다는 사람에게 기죽을 필요 없다. 지능이 학습능력에 그다지 큰 영향을 미치지 않는다는 사실은 증명된 지 오래다. 지능지수가 특별히 높은 사람이라도 인생 출발선에 조금 앞서 있을 뿐 끝까지 앞선다는 보장은 없다.

우리는 끈기 있게 노력하는 사람이 재능 있는 사람보다 앞서가는 경우를 자주 본다. 노력은 절대 배신하지 않는다. "한 방울의 낙숫물이 바위를 뚫는다. 또 생쥐의 부지런함이 밧줄을 끊는다." 벤저민 프랭클린의 말이다.

아무것도 안 하는 것을 두려워해라 ―――――

성공하려면 끊임없이 도전해야 한다는 다짐

-혼다 소이치로(일본의 혼다 창업자)

가난한 대장장이의 아들로 태어난 소년은 책 읽기를 무척 싫어했다. 책에는 과거의 일들만 가득 씌어 있고, 책을 읽으면 왠지 지나간 일들에 사로잡혀 퇴보한다는 느낌이 들었다. 그는 모르는 게 있으면 책을 보기보다 다른 사람에게 물어보는 것이 더 편하다고 생각했다.

독서를 많이 한다고 반드시 성공하는 것은 아니지만, 성공한 사람치고 독서를 멀리한 사람 없다는 말이 있다. 하지만 이 소년만은 예외라고 해야겠다. 일본 굴지의 자동차 기업 혼다를 창업한 혼다 소이치로(1906~1991)를 두고 하는 말이다.

혼다는 가정형편이 어려워 학교공부는 초등학교가 끝이었다. 이후 철물점에서 아버지를 돕다가 15세에 도쿄로 나가 자동차 수리점에 취직했다. 5~6년이 지나자 당시 세상에 나와 있던 자동차 엔진은 모두 뜯어고치고 조립할 수 있는 숙련공이 되었다.

이제 그에게는 도전이 기다리고 있었다. 22세에 고향 시즈오카현으로 돌아와서 자동차 수리소를 창업한다. 그 후 31세에 '도카이 세이키'라는 자동차 부품공장을 차렸다. 도요타에 납품하는 등 승승장구했으나, 미군의 공습과 지진으로 공장을 잃는 불운을 겪는다.

그는 복구 가능한 것만 골라 도요타에 매각한 돈으로 '혼다 기술연구소'를 창업했다. 자동차 생산기업의 모태가 마련된 것이다. 40세 때의 일이다. 이후 혼다는 탁월한 기술력을 바탕으로 꾸준히 성장했다. 모터사이클, 자동차, 제트스키, 항공기, 로봇을 생산하는 현재의 대기업으로 우뚝 선 데는 창업자의 끝없는 도전정신이 있었다.

그 과정이 어찌 순탄하기만 했겠는가? 실패와 성공을 쉼 없이 거듭해야 했다. 넘어질 때마다 그를 일으켜 세운 것은 가슴에 아로새긴 한마디 좌우명이었다. "도전해서 실패하는 것을 두려워하기보다 아무것도 안 하는 것을 두려워해라."

그는 미국 미시간대학교에서 명예박사 학위를 받는 자리에서, 자신의 인생에서 실수와 실패한 것을 빼면 아무것도 없다고 했다. "나에게 성공은 오직 되풀이되는 실패와 그 실패에 대한 반성을 통해서만 가능했다. 나는 나에게 주어진 시간의 99%를 실패하는 일에 썼다."

실패를 두려워하지 않았으니 도전을 계속할 수

있었던 것이다. 혼다 소이치로야말로 '실패는 성공의 어머니'라고 한 발명가 토머스 에디슨의 가르침을 충실하게 따른 사람이다. 에디슨은 백열전구 개량에 적합한 필라멘트를 찾으려고 1만 번 가까이 실험을 거듭한 것으로 유명하다. 당시 그는 이런 말을 남겼다. "나는 실패하지 않았다. 안 되는 방법 1만 가지를 찾아냈을 뿐이다." 세상만사 마음먹기 나름인가 보다.

하지만 보통 사람에게 실패는 두렵기 마련이다. 무조건 피하고 싶은 것이 인지상정이다. 모르긴 해도 혼다도 두렵지 않았을 리 없다. 그 역시 실패했다 영영 일어서지 못하는 사람들을 흔하게 보았을 테니 말이다. 하지만 두려움에 사로잡힌 나머지 아무것도 하지 않으면 성공할 수 없다는 것은 분명한 사실이다. 도전하면 성공과 실패 둘 중 하나를 경험하겠지만, 도전하지 않으면 아무 일도 일어나지 않을 것이기 때문이다.

태어날 때부터 위대한 사람은 없다. 보통 사람의 위대한 도전이 있을 뿐이다. 모든 성공은 도전의 산물이다.

우리는 어렵기 때문에 하는 것이다 ————

케네디 대통령이 외친 도전과 용기의 명언

– 제프 베조스(미국의 아마존 창업자)

1962년 9월 12일 미국 텍사스주 라이스대학교 종합운동장. 이곳에서 존 F. 케네디 대통령이 한 특별 연설은 그의 취임 연설만큼이나 뛰어난 명연설이었다.

"우리는 달에 가기로 결정했습니다. 우리가 10년 안에 달에 가는 것을 선택하고 또 다른 일을 하는 것은 그것이 쉽기 때문이 아니라 어렵기 때문이며, (중략) 승리하고자 하는 도전이기 때문입니다."

연설 장면은 미국 전역에 중계되었고, 국민들은 열렬한 박수를 보냈다. 당시 미국은 소련과의 우주개발 경쟁에서 크게 뒤처져 있었다. 소련은 이미 그전 해에 우주비행사 유리 가가린이 인류 최초로 인공위성 보스토크 1호를 타고 지구 상공을 비행했으나, 미국은 엄두조차 내지 못하고 있었다.

이날 케네디의 연설은 도전, 용기, 열정을 담고 있었다. 대선공약인 뉴프런티어 정책을 실현하겠다는 강력한 의지의 표현이었다. 당시 미국인의 20% 정도가 빈곤상태였던 데다, 엄청난 예산이 들어가는 소련과의 우주개발 경쟁을 반대하는 여론이 만만치 않았다. 그러나 케네디는 1960년대가 가기 전에 인간을 달에 보내겠다고 선언했고, 결국 7년 후인 1969년 우주인 세 명을 태운 아폴로 11호가 달에 착륙하는 데 성공했다.

'아마존'을 창업한 제프 베조스(1964~)는 케네디 연설 당시엔 태어나지도 않았으며, 아폴로 11호가 달에 도착했을 때는 다섯 살에 불과했다. 하지만 그의 도전정신과 용기는 패기 넘치는 젊은 대통령 케네디에게서 배웠는지도 모른다. 그는 사업을 시작하며 케네디의 연설문 한 구절을 인생 좌우명으로 삼았다. 주어진 일이 쉽기 때문이 아니라 어렵기 때문에 도전한다는 경구가 그것이다.

베조스는 대학 졸업 후 벤처기업과 금융회사에서 일했다. 서른 즈음 연봉 100만 달러를 받는 펀드매니저로 승승장구하던 베조스는 앞으로 인터넷 이용자가 매년 23배씩 증가할 것이라는 뉴스를 접했다. 그는 인터넷 사업을 시작하기로 결심하고 곧바로 사표를 던진다. 만류하는 사장에게 그는 지금 이 사업을 해보지 않으면 늙어서 반드시 후회할 것 같다고 말한다. 그리고는 케네디 대통령의 연설 문구를 언급했다. 어렵고 두렵기 때문에 해보고 싶다고.

결국 세계 최고 부자가 되었지만 시련은 적지 않았다. 스마트폰 사업과 게임개발 사업은 처참하게 실패했다. 하지만 그는 실패에 굴하지 않고 재기하는 뚝심을 발휘했다. AI 스피커 사업의 성공과 미국 유력 일간지 〈워싱턴 포스트〉 인수가 대표적인 예이다. 지금은 우주여행 사업이 초미의 관심사다.

케네디와 베조스는 쉬워서가 아니라 어렵기 때문에 도전한다고 했다. 말이 되는 소리인가? 시련과 실패 가능성이 높다는 것을 뻔히 알면서 도전하는 것은 무모하고 어리석은 선택일 수 있다. 하지만 누구에게나 큰 꿈을 이루는 일이 쉬울 수는 없다.

인생에서 소박한 것에 만족하며 살기로 작정하면 그것도 나름 의미가 있다. 하지만 크고 분명한 목표가 있음에도 단지 두려움 때문에 주저하고 있다면 베조스처럼 용기를 내보면 어떨까? 최선을 다하면 절반의 성공이라도 거둘 수 있지 않을까?

미국의 저명한 목사이자 작가인 노먼 빈센트 필은 다음과 같은 멋진 말을 남겼다. "달을 향해 나아가라. 설령 길을 잃더라도 당신은 별들 사이에 있게 될 것이다."

늘 갈망하고 언제나 우직하라 ─────

어릴 적 잡지 뒤표지에서 우연히 발견한 금언

─스티브 잡스(미국의 애플 창업자)

소년은 《지구백과》라는 책에 푹 빠졌다. PC나 전자출판이 존재하기 전인 1960년대 후반이라 타자기와 가위, 폴라로이드 카메라를 이용해 만든 책이었지만, 시적 감성을 불어넣기에는 더없이 좋았다.

소년이 스무 살 청년이 되었을 때, 출판사는 이 책의 최종판을 출간하였다. 뒤표지에는 이른 아침 시골길 사진이 실려 있었고, 그 아래에 멋진 경구가 적혀 있었다. "Stay Hungry, Stay Foolish."

조금 의역하면 "늘 갈망하고 언제나 우직하라" 정도가 되겠다. 청년은 이 문구가 얼마나 마음에 들었는지 평생 마음에 새길 좌우명으로 삼았다. 세계적인 IT기업 애플을 창립한 스티브 잡스(1955~2011)의 이야기다.

그는 2005년 스탠퍼드대학교 졸업식에 참석해 축하 연설을 하며 인생 후배들에게 위의 이야기를 들려주었다. 출생 직후 입양된 사실, 대학을 중퇴하고 애플을 창업한 사연, 그 회사에서 해고됐다가 넥스트와 픽사를 세워 성공한 뒤 컴백한 이야기, 그리고 췌장암으로 시한부 선고를 받은 사실까지 자기

삶이 너에게 레몬을 줄 때

인생 스토리를 진솔하게 들려준 뒤라 감동이 컸다.

잡스는 어릴 때부터 IT 분야에 흥미를 느꼈다. 샌프란시스코 산업단지 주택가에 살면서 전자회사에 다니는 사람들과 곧잘 어울렸다. 일곱 살 무렵 자신이 입양되었다는 사실을 알게 되었고, 한때 히피문화와 마약에 빠지기도 했지만, IT 분야에 유달리 관심이 많았던 다섯 살 위 스티브 워즈니악을 만난 것은 큰 행운이었다.

잡스는 오리건주 리드대학에 진학해 동양철학을 공부했으나 불과 1년 만에 그만두고 전자게임 회사에 취업했다. 히피 차림으로 인도 북부 히말라야를 여행하는 등 정신적 방황기를 거친 잡스는 21세 때인 1976년 워즈니악과 함께 컴퓨터 제조회사 애플을 창업했다. 스마트폰으로 세상을 바꾼 그의 위대한 도전은 이렇게 시작되었다.

잡스는 자신의 좌우명처럼 무언가를 갈망하는 사람, 그리고 우직하게 밀고 나가는 사업가였다. 사업 환경이 다소 불리하더라도, 또 주변에서 강하게 반대하더라도 자신이 믿는 비전이라면 열정적으로 추진해 나갔다. 혁신 의지는 그의 뛰어난 장점이었다. 스탠퍼드대학교 졸업 축사에서 그는 이렇게 말했다.

"저는 매일 아침 거울을 보면서 제게 묻습니다.

'오늘이 내 인생의 마지막 날이라면 지금 하려는 일을 하고 싶은가?' 며칠 동안 계속해서 '아니야'라는 답이 나올 때는 뭔가 바꿔야 한다는 것을 알게 됩니다."

성공으로 나아가는 길에 갈망은 반드시 필요하다. 어떤 일도 간절하게 원하지 않으면 추진 동력을 얻기 어렵다. 반대로 늘 갈증을 느끼며 간절히 원하면 신과 우주, 자연에게서도 도움을 받을 수 있다. 갈망하면 자신감을 얻고 집중력을 높일 수 있다. 갈망이 모든 성취의 시작점이라 해도 틀리지 않다.

갈망이 중요하다고 해서 가만히 앉아 열렬히 원하기만 해도 되는 것은 아니다. 그래서는 아무것도 이루어지지 않는다. 때론 저돌적이라는 평을 들을 정도로 과감하게 행동할 줄 알아야 한다. 손익을 계산하며 망설이지 말고 시곗바늘이 가리키는 대로 나아가야 한다. 성공 설계도를 완성해놓고도 행동하지 않으면 아무 소용이 없다.

나폴레옹 보나파르트는 이런 말을 남겼다. "작전계획을 세우는 것은 누구나 할 수 있다. 그러나 실제로 전쟁을 할 수 있는 사람은 많지 않다."

큰 야망을 품어야
큰 결실을 얻을 수 있다 ————

세상에서 가장 닮고 싶은 여성의 단단한 신념

-힐러리 클린턴(미국 전 국무장관)

빌 클린턴 대통령과 영부인 힐러리 클린턴이 차를 타고 가다 어느 주유소에 들렀다. 마침 주유소 사장은 힐러리의 옛 남자친구였다.

주유소에서 나오자마자 클린턴이 웃으면서 말했다. "만약 당신이 저 남자와 결혼했다면 지금 주유소 사장 부인이 되어 있겠지?"

힐러리는 이렇게 되받았다. "아니, 아마 저 남자가 대통령이 되어 있을 거야."

힐러리 클린턴(1947~)의 자신만만한 태도가 드러나는 일화다. 하지만 근거가 확실하지는 않다. 그녀의 남다른 야망과 능력, 열정, 계획성, 추진력을 염두에 두고 누군가 지어낸 이야기 아닐까 싶다.

힐러리는 야망으로 똘똘 뭉친 여성이다. 일찌감치 이런 좌우명을 정했다. "큰 야망을 품어야 큰 결실을 얻을 수 있다." 그녀는 명문 웰즐리 여대와 예일대 로스쿨을 다니면서 다양한 분야에서 정치 역량을 키웠다. 로스쿨에서 만난 남자친구 클린턴과 결혼까지 한 것은 그에게서 대통령이 될 의지와 역량을 발견했기 때문이라고 한다.

"나의 야망이 결실을 맺는 데 이 남자가 분명 도움이 될 거야." 그녀의 판단은 정확했다. 남편이 아칸소 주지사를 거쳐 대통령이 되는 과정에서 각종 선거전을 열정적으로 지휘했다. 힐러리가 없었다면 '대통령 클린턴'은 탄생하지 못했을지도 모른다. 그녀는 대통령 부인으로 만족할 사람이 아니었다. 백악관에 있으면서도, 영부인 집무실을 대통령 집무실 바로 옆에 두고 대통령의 특급 참모 역할을 수행했다.

하지만 큰 난관이 생겼다. 남편과 백악관 인턴 모니카 르윈스키의 불륜 스캔들이 터지면서 탄핵까지 추진됐다. 눈앞이 캄캄해졌다. 목을 비틀어버리고 싶을 정도로 남편이 미웠지만, 힐러리는 용서를 택했다. 파경이 초읽기에 들어간 상황에서 그녀는 "결혼에 대한 믿음을 잃지 않았다"라고 선언하였다. 이 한마디로 클린턴은 위기에서 벗어날 수 있었다.

힐러리의 이 결단은 일생에서 가장 대담한 일로 평가된다. 그 바탕에는 역시 야망이 자리잡고 있었다. 클린턴과 이혼할 경우에 자신의 꿈이 산산조각으로 부서질 것이란 사실을 잘 알고 있었다. 개인적으로 너무나 치욕적인 일이지만, 용서의 미덕을 발휘함으로써 그녀는 국민들에게 인기를 얻게 된다.

이 일은 연방 상원의원 선거에서 당선되고, 대선 후보로 발돋움하고, 국무장관직을 수행하는 데 큰 도움이 되었다.

힐러리는 대선에서 두 번이나 떨어졌지만 세상에서 가장 닮고 싶은 여성, 미국에서 가장 영향력 있는 여성으로 선정되었다. 위대한 힐러리를 만든 것은 두말할 필요 없이 야망이다. 시련이 닥쳤을 때, 혹은 미래가 불투명할 때 야망을 간직하고 있으면 고난의 수렁에서 비교적 쉽게 탈출할 수 있다.

세상사 모든 일은 원해야 이루어진다. 인간은 무엇이든 원할 수 있고, 야망은 누구에게나 무한대다. 분명한 사실은 야망이 커야 결실이 크다는 것이다. 야망이 작으면 결실이 클 수 없다. 야망이 크면 그것을 이루고 싶은 간절함이 생긴다. 자신이 만든 조각상을 사랑하게 된 피그말리온이 간절히 기도하자, 아프로디테가 조각상에 생명을 불어넣어 주었다는 그리스 신화가 이를 말해준다.

또한 야망을 가지면 계획이 생긴다. 잘 짜여진 계획을 바탕으로 삼아 열정적으로 일하면 안 될 것이 없다. 성공을 위해 가장 좋은 계획은 필수다. "계획을 세우는 데 실패하는 것은 실패하려고 계획을 세우기 때문이다." 힐러리가 한 말이다.

열정이 이끄는 대로 움직여라 ─────

실천력과 추진력을 겸비한 괴짜 사업가의 자기 최면

-리처드 브랜슨(영국의 버진그룹 창업자)

2022년 개봉한 미국 영화 〈탑건: 매버릭〉은 할리우드 액션배우 톰 크루즈의 열연 덕분에 전 세계적으로 흥행했다. 그가 연기한 노련한 탑건 매버릭은 해군 최정예 파일럿으로 팀을 짜서 고난이도 군사작전을 수행하게 되는데, 그중에는 옛 동료의 아들인 루스터가 있었다. 매버릭은 실행력이 떨어지는 루스터에게 다음과 같이 조언한다. "생각하지 말고, 그냥 한번 해봐(Don't think, Just do)."

주인공 매버릭의 대사를 들으면 영국 버진그룹을 일궈낸 리처드 브랜슨(1950~)이 떠오른다. 매버릭과 브랜슨은 어떠한 도전도 두려워하지 않는 강한 추진력의 소유자란 점에서 꼭 닮아 보였다. 브랜슨은 '열정이 이끄는 대로 움직여라'라는 좌우명을 갖고 산다. '모험을 즐기는 괴짜' '히피적 자본가' '엔터테이너 CEO'라 불리며 콜라, 와인, 웨딩드레스, 모바일, 책, 만화, 애니메이션, 신용카드, 기차, 비행기, 우주여행 등 다양한 영역의 사업체를 구축했다.

브랜슨의 성공은 탐험가와 모험가 기질을 유감

없이 발휘한 덕분이라고 할 수 있다. 그는 자사 브랜드인 버진 콜라를 출시할 때 뉴욕 맨해튼 타임스퀘어 광장 한복판에 탱크를 몰고 등장하는가 하면, 기업 홍보를 겸해 열기구를 타고 대서양과 태평양을 횡단하는 위험천만한 모험을 하기도 했다.

항공사업은 여행 도중 갑자기 구상해서 창업한 것이다. 항공기 결항으로 공항에서 마냥 기다리게 된 브랜슨은 서둘러 전세기를 구해 승객들에게 직접 표를 팔았다. 항공사 측이 제대로 대처하지 않은 데 불만을 품고 홧김에 그렇게 해본 것이다. 이를 계기로 항공 사업도 해볼 만하다고 판단해 설립한 회사가 버진 애틀랜틱이다.

브랜슨이 좋아하는 영국 속담이 하나 있다. "우유를 먹고 싶으면 들판 한가운데 놓인 의자에 걸터앉아 소가 다가오기만을 바라면 안 된다." 그가 사람들에게 즐겨 하는 말들을 보면 오로지 실천이고 행동이다.

"하고 싶은 일이 있으면 지금 당장 시작하라." "비행기를 조종하고 싶다면 열여섯 살 때부터 비행장에 가서 커피부터 끓여라." "패션 디자이너가 되고 싶다면 패션회사에 들어가서 빗자루부터 잡아라." "용기를 내서 일단 해보자." "끊임없이 시도하라." "두드려라. 그러면 열릴 것이다." "모두가 할 수 없다고 하는 일에 도전하라."

브랜슨의 도전과 모험정신, 추진력은 보통 사람들이 갖추기 힘든 아주 특별한 수준의 재능이다. 하지만 인생에서 생각만 하고 행동하지 않으면 어떤 성공도 기대하기 어렵다는 점에서 그의 사업 스타일은 본받을 만한 가치가 충분하다. 사업은 말할 것도 없고 공부나 취업, 이직, 연애도 실천과 결행이 필수다. 실현 가능성과 예측되는 위험을 분석하느라 이리저리 재면서 망설이다가 기회를 놓쳐버리면 아무 소용없다.

물론 실행력을 발휘하기 위해서는 자신감과 용기가 필요하다. 자신감이 있어야 행동할 수 있음은 너무나 당연하다. 고대 로마 시인 베르길리우스가 "하늘은 용기 있는 자의 편이다"라고 말한 것도 같은 이유라고 하겠다. 절대 못할 것 같은 일도 자신감과 용기로 무장해 일단 시작한다면 해낼 수 있을 것이다.

생텍쥐페리의 소설 《야간비행》에 이런 말이 나온다. "인생에 해결책 따위는 없어, 추진력만 있을 뿐이야."

내 시대가 올 거야,
난 기다릴 수 있어 ————————

클래식 황제가 되새겼던 인내와 희망의 다짐

-헤르베르트 폰 카라얀(오스트리아 출신 지휘자)

지휘봉을 든 채 눈을 지그시 감는 것이 그의 트레이드 마크다. 대형 오케스트라를 지휘하면서 단원들과 교감하기 위해서는 그들과 쉼 없이 눈을 맞춰야 할 텐데 아예 감아버리다니…. 하지만 소리의 내밀한 흐름을 파악하기 위해서는 눈을 감는 것이 더 효율적이라고 거장은 생각했을 것이다.

20세기 클래식의 황제로 불렸던 헤르베르트 폰 카라얀(1908~1989). 그는 세계 최고 오케스트라에 속하는 베를린 필하모닉 오케스트라에서 무려 35년간 종신 지휘자를 지낸 클래식 음악의 전설이다. 클래식 대중화에도 크게 기여했다. 그런 카라얀에게 탄탄대로만 펼쳐진 건 아니다. 매 순간 너무 힘들고, 미래마저 불투명했던 시기가 여러 번 있었다.

그는 불과 21세에 독일 남서부 소도시 울름의 시립 오페라극장 전속 지휘자가 되었다. 하지만 그곳의 연주 환경은 매우 열악했다. 오페라 단원이 16명밖에 없었으며, 4명이 필요한 트럼펫 연주자는 1명뿐이었다. 16명으로 50명의 소리를 내야 했으니 강도 높은 연습 이외에 달리 방법이 없었다. 매일 13시간씩 강행군을 했다. 게다가 모든 잡일은 책임자인 그가 도맡아야 했다.

이처럼 카라얀은 오케스트라 정상화를 위해 5년 동안 심혈을 기울였다. 하지만 공로를 인정받지 못하고 쫓겨나는 신세가 되었다. 이후 1년 동안 일자리를 찾지 못해 유럽 곳곳을 헤매고 다녔으니 얼마나 참담했을까?

그 무렵 카라얀은 이런 말을 되뇌며 살았다. "내 시대가 올 거야, 난 기다릴 수 있어." 인내와 희망의 좌우명이었다. 음악적 소질이 탁월하고 연습량 또한 어느 누구보다 많았기에 세상은 그를 외면하지 않았다. 울름보다 큰 도시 아헨의 오페라극장 수습 지휘자가 되었으며, 1년 뒤에는 이 극장의 음악 총감독이 되었다.

점차 이름이 알려지면서 1938년부터는 베를린 필하모닉 오케스트라와 인연을 맺게 된다. 하지만 그곳엔 그보다 훨씬 명성 높았던 빌헬름 푸르트벵글러가 상임 지휘자로 있었다. 문제는 푸르트벵글러가 카라얀에게 경쟁심을 느낀 나머지 그를 철저히 배제했다는 것이다. 푸르트벵글러가 있는 한 제대로 지휘봉을 잡기 힘든 상황이었다.

이때도 카라얀의 좌우명이 그를 따뜻하게 부축

삶이 너에게 레몬을 줄 때

했다. 덕분에 그는 조급하게 서두르지 않고 조용히 내공을 쌓는 기다림의 지혜를 발휘할 수 있었다. 사람 일이란 알 수 없는 법. 1954년 푸르트벵글러는 갑자기 사망했고, 카라얀은 곧바로 그 뒤를 잇게 된다. 이후 35년 동안이나 그 자리를 지키며 세계적인 명성을 쌓았다.

요즘 우리는 기다림이 미덕이라고 말하기 어려운 세상을 살고 있다. 인스턴트 메시지, 실시간 결제, 새벽 배송, 3분 요리…. 이런 분위기에서 기다림은 뒤처짐이나 포기로 비칠 수 있다. 그러니 초조한 마음에 뛰고 달린다. 그렇게 해서 성공한 사람도 당연히 많다.

하지만 세상은 한 방향으로만 움직이지 않는다. 때론 마음을 비우고 편안한 마음으로 채움을 기다릴 필요가 있다. 욕심부려 서두르다 넘어지는 사람을 숱하게 본다. 반대로 희망의 기다림이 행운의 기회를 만나는 경우 또한 자주 본다.

슬픔이나 근심걱정의 안개를 걷어내고 기다림을 실천해보면 어떨까? 물론, 언젠가 멋진 기회가 찾아올 것이라는 믿음은 필수조건이다. 미국 시인 에머슨은 이런 말을 남겼다. "슬픔은 뒤를 돌아보고 근심은 주위를 둘러본다. 하지만 믿음은 위를 바라본다."

거절당할 것을 미리 걱정하지 말라 ────

집념의 사업가가 몸소 익힌 마음병 예방책

-할랜드 샌더스(미국의 KFC 창립자)

1955년, 미국 켄터키주에 살던 65세 남자가 치킨 레스토랑을 경영하다 파산했다. 손에 남은 것은 중고 트럭 한 대와 사회보장비로 받은 105달러가 전부. 암담했지만 산전수전 다 겪은 사람이라 재기하겠다는 의지 하나는 갖고 있었다.

그는 자신이 개발한 요리법을 팔아보기로 마음먹었다. 당시 치킨은 팬에 튀기는 방식이 대세였지만, 그는 신속하게 조리하면서도 촉촉함을 유지할 수 있는 압력솥 튀김 방식을 사용하였다. 소스도 특이했다.

프랜차이즈 개념이 아예 없던 시절, 자신의 요리법을 사줄 후원자를 구하기만 하면 직접 레스토랑을 운영하는 것 못지않게 큰돈을 벌 수 있다고 생각했다. 세계적인 패스트푸드 기업 KFC를 창업한 할랜드 샌더스(1890~1980)의 이색적인 아이디어였다.

샌더스는 트럭을 몰고 전국 각지로 식당을 찾아다녔다. 하지만 예순 넘은 늙수그레한 남자의 제안은 가는 곳마다 퇴짜를 맞았다. 그러나 그는 포기하지 않았다. 트럭에서 자고, 주유소에서 씻고, 홍보용

　　　　　　　　삶이 너에게 레몬을 줄 때

으로 사용하고 남은 치킨으로 식사를 때웠다. 고단하기 짝이 없는 삶이었지만, 희망의 끈을 놓지 않았다. 매번 거절당하는 것이 짜증났지만 크게 힘들지는 않았다. 자기만의 좌우명에 의지한 덕분이었다.

"거절당할 것을 미리 걱정하지 말라." 정말 그랬다. 샌더스는 평생 사업을 하면서 거절당하는 것에 이력이 났기에, 또다시 거절당할지 모른다고 미리 걱정하지 않았다.

수없이 거절당한 끝에, 드디어 그의 요리법을 사겠다는 사람이 나타났다. 무려 1,009번째 만난 사람으로 '웬디스' 창업자 데이브 토머스였다. 토머스는 자기 식당에서 샌더스의 요리법으로 만든 치킨을 팔되, 한 조각당 4센트씩 로열티를 지불하는 조건으로 계약을 했다. 이후 샌더스는 사업가 피트 하면과 손잡고 마침내 유타주에 KFC 1호점을 열었다.

샌더스는 집념의 사업가다. 젊은 시절 여러 번 사업에 실패했지만 포기하지 않았다. 자신감과 끈질김으로 똘똘 뭉친 사람이었기에 결국 세계적인 기업을 만들 수 있었다. 이런 근성은 매사 걱정하지 않는 그의 낙관적인 성격에서 비롯했다. 요리법을 팔러 다니면서 거절당할지 모른다고 미리 걱정했다면, 마음병에 걸려 금방 포기하고 말았을 것이다.

인생을 살면서 걱정만큼 불필요한 것이 또 있을

까? 사실 대부분의 걱정은 괜히 하는 것이다. 다가올 일에 미리 대처할 수 있는 진짜 걱정거리는 전체의 4%밖에 안 된다는 연구 결과가 있다. 해결책이 있다면 걱정할 필요가 없고, 해결책이 없다면 걱정해도 소용없다는 사실을 알면서도, 매일 걱정으로 스스로를 좀먹는 모습이 우리의 자화상이다.

사실 걱정거리는 누구나 갖고 있다. 각종 시험을 앞둔 사람, 결혼을 준비하는 사람, 돈거래를 하는 사람, 대인관계가 원만하지 않은 사람, 병원에서 검사 결과를 기다리는 사람…. 그런데 걱정은 현대인의 대표 질병인 스트레스의 주범이어서 더욱 안타깝다. 불안증과 우울증, 공황장애의 직접적인 원인 아닌가.

성격을 고치기는 쉽지 않다. 그러나 애써 노력하면 걱정을 다스릴 수 있는 마음근력을 키울 수는 있다. 걱정을 하느냐, 하지 않느냐는 마음먹기에 달렸다. 마음을 편안히 먹고 오늘 현재에 집중하는 것이 무엇보다 중요하다. 성경에 이런 말이 있다. "내일을 걱정하지 마라. 내일 걱정은 내일이 할 것이다."

절대로, 절대로 포기하지 말라 ──────

어린 시절 만년 꼴찌였던 영웅의 자기 격려

－윈스턴 처칠(영국 정치가)

저명한 공작 가문의 후손. 할아버지는 아일랜드 총독을 지냈고, 아버지는 하원의장과 재무장관, 어머니는 미국 금융사업가의 딸로 사교계의 별이었다.

소년은 집안 배경이 더할 수 없이 훌륭했지만, 학교에선 꼴찌 근처 학업 열등생이었다. 12세가 되어 명문 사립학교 '해로우 스쿨' 입학시험을 치렀다. 라틴어 시험지를 받아들었지만 단 한 문제도 풀 수 없었다. 아버지의 배경 덕분에 합격은 했지만 열등반에 배치될 수밖에 없었고, 꼴찌를 도맡다시피 했다. 학교를 방문한 학부모들이 "처칠 경의 아들은 왜 만날 꼴찌야?"라고 속삭이는 소리를 들어야 했다.

영국 총리로 제2차 세계대전을 승리로 이끈 윈스턴 처칠(1874~1965)의 어릴 적 이야기다. 그는 라틴어와 수학을 아주 싫어했다. 영어와 역사 과목을 빼곤 다 싫어했기에 전체 성적이 좋을 리 없었다. 부모는 아들이 법률가가 되길 바랐지만, 일찌감치 기대를 접고 육군사관학교 진학을 권유했다.

하지만 육군사관학교 입시라고 쉬울 리 없었다. 필수과목인 라틴어와 수학, 영어에 선택과목으로 프랑스어와 화학을 택했지만, 영어 빼고는 모두 다 어려웠다. 첫해에 보기 좋게 떨어지고, 또 한 번 응시했으나 역시 낙방이었다. 인생길에 빨간불이 켜지는 듯했다. 가족과 친지들에게 면목이 없었다.

그러나 처칠은 의지의 사나이였다. 삶이 아무리 험난하고 고통스러워도 무릎 꿇으면 안 된다는 생각만은 확고했다. "절대로, 절대로 포기하지 말라." 이즈음에 정한 그의 인생 좌우명이다.

해로우 스쿨에서 나온 처칠은 입시준비 학원에 마지막 희망을 걸었다. 족집게 학원의 도움으로 그는 삼수 끝에 육군사관학교에 합격할 수 있었다. 보병보다 커트라인이 낮은 기병을 택하는 바람에 아버지를 실망시켰지만, 처칠에게는 그나마 천만다행이었다.

그 이후 처칠은 '포기하지 말라'란 말을 입에 달고 살았다. 총탄이 난무하는 전쟁터에서도, 승패가 극명하게 엇갈리는 각종 선거에서도, 두 차례 세계대전을 치르며 국민들을 격려하면서도, 총리 신분으로 모교 졸업식에서 축사를 할 때에도 그는 절대로 포기하지 말라고 다그쳤다.

학업 열등생 처칠은 포기하지 않고 전진 또 전진하는 인생을 산 결과 크게 성공했다. 초급장교 시절 아프리카에서 전쟁포로가 되었으나 탈출에 성공하

삶이 너에게 레몬을 줄 때

는 용기 있는 행동으로 단번에 스타가 되었고, 그 인기에 힘입어 손쉽게 정치에 입문했다. 총리를 두 번이나 역임하고 노벨 문학상까지 받았다. 처칠에게 '포기하지 않음'은 용기를 뜻했다. 그는 이런 말을 남겼다. "성공은 최종적인 것이 아니며, 실패는 치명적인 것이 아니다. 중요한 것은 계속할 수 있는 용기다."

살다 보면 목표를 달성하지 못해 실의에 빠질 때가 종종 있다. 고난과 고통이 닥쳐와 모든 것을 포기하고 싶을 때도 있다. 이럴 때 처칠은 희망을 전해준다. 위인전에 나오는 사람이 낙제생이었다니, 육군 사관학교를 삼수까지 해서 겨우 합격했다니….

누구나 조금 쉬어가는 것은 나쁘지 않다. 초조해하지 말고 차분하게 다시 시작할 일이다. 포기해버리면 모든 것이 끝이다. 하지만 포기하지만 않으면 기회는 또 생긴다.

미국의 흑인 작곡가 듀크 엘링턴의 말은 울림이 커서 좋다. "인생에는 단 두 가지 법칙만 존재한다. 첫째, 절대 포기하지 말라. 둘째, 첫 번째 법칙을 잊지 말라."

3

끈기는

재능을 뛰어넘는다

"

당신의 진정한 모습은
당신이 반복적으로 행하는
행위의 축적물이다.
탁월함은
하나의 사건이 아니라
습관이다.

"

매는 조는 듯이 앉아 있다 —————

《채근담》에서 익힌 금융 사업가의 성공전략

–박현주(미래에셋그룹 회장)

맹수는 늘 발톱을 세우지 않는다. 함부로 어금니를 드러내지도 않는다. 재빠르게 상대방을 제압하는 치타, 무리 지어 사냥하는 사자, 그 어떤 동물보다 몸을 잘 숨기는 표범은 하나같이 제 발톱과 어금니를 감춘다. 사냥감에게 괜히 겁을 줘 미리 도망치게 할 이유가 없음을 알기 때문이다.

이처럼 야생의 강자들은 은인자중(隱忍自重)이 몸에 배어 있다. 사냥할 때 집중력을 발휘하기 위해 기다릴 줄 안다. 쓸데없이 힘 뺄 필요가 없다는 것도 안다. 그러다 기회가 생기면 앞뒤 가리지 않고 전력을 다해 공격한다. 미래에셋을 창업해 국내 최고 금융그룹으로 키워낸 박현주(1958~)의 좌우명이 연상되는 모습이다.

"매는 조는 듯이 앉아 있고 호랑이는 앓는 듯이 걷는다." 박현주는 《채근담》에 나오는 이 표현을 무척 좋아한다. "응립여수 호행사병(鷹立如睡 虎行似病)"이라는 구절이다. 그 뒤 문장은 이렇게 이어진다. "이것이 바로 사람들을 움켜잡고 물어뜯는 수단이다. 그러므로 군자는 총명함을 드러내지 않고 재주를 안으로 숨겨야 하니, 이것이 곧 두 어깨에 큰 짐을 짊어질 역량이다."

박현주는 증권사 말단 직원으로 직장생활을 시작했으나, 이런 철학에 힘입어 굴지의 금융그룹을 일궈내는 데 성공했다. 한마디로 입지전적인 인물이다. 샐러리맨 시절, 잇따라 업계 최연소 지점장과 최연소 임원 기록을 갈아치웠다. 창업 후에는 국내 1호 자산운용사 설립, 국내 1호 공모펀드 출시에 국내 증권사 최초 자기자본금 10조원 달성이라는 경이적인 기록을 세웠다.

그는 은행 저축이 재테크의 최고 수단으로 여겨질 때 투자의 시대, 펀드의 시대를 연 사람이다. 지금은 글로벌 금융투자에 사활을 걸고 있다. 그의 추진력은 치밀한 준비에서 나온다. 아무 때나 무턱대고 발톱이나 어금니를 드러내지 않는다.

매가 조는 듯이 앉아 있을 때나 호랑이가 앓는 듯이 걷고 있을 때란, 박현주가 미래와 세계를 책으로 읽고 통계 수치와 경제 이론을 분석하며 치밀하게 투자 계획을 세우는 시간이다. 그러다 기회를 포착하면 주위에서 만류해도 굴하지 않고 과감하게 자신의 길을 간다. 지금까지 그가 내린 대부분의 사업 결단은 그랬다.

이처럼 세상에서 성공하기 위해서는 물러나 있

을 때와 나아갈 때를 구별할 줄 알아야 한다. 무턱대고 전진하다가는 금방 장애물을 만날 수도 있다. 진정한 고수는 조용히 때를 기다릴 줄 아는 지혜의 소유자인 동시에, 좋은 기회가 오면 앞뒤 재지 않고 돌진하는 추진력의 소유자다.

사업만 그렇게 해야 하는 것이 아니다. 청년 시기에 미래 직업을 준비할 때도 그렇고, 연애와 결혼 시장에 나갈 때도 그렇고, 정치에 발을 들여놓을 때도 마찬가지다. 가진 것 별것 없으면서 소리만 요란한 사람은 정작 멍석이 깔리면 쥐구멍에 들어가기 일쑤다. 앞에 나가 사사건건 호언장담하는 사람 중에는 교만하고 무지한 이가 많다. 허세와 만용으로는 성공하기 어렵다.

기다리는 동안에는 힘을 길러야 한다. 매는 조는 듯이 앉아 있고 호랑이는 앓는 듯이 걷고 있지만, 끊임없이 사냥감을 노려본다. 최상의 기회를 포착하기 위해서다. 그리고 기회가 생기면 돌진한다. 호랑이가 작은 토끼 한 마리 사냥할 때도 있는 힘을 다한다.

남과 같이 해서는
남 이상 될 수 없다 ————

송나라 시인의 말에서 따온 창의력 강조 금언

- 김인득(벽산그룹 창립자)

창의성을 강조하는 세상이다. 교육 현장에도, 취업 시장에도, 기업 경영에도 창의성 열풍이 거세다. 암기식 지식 습득이나 모방으로는 최첨단 AI 시대를 헤쳐 나가기 어렵다는 인식이 팽배해 있기 때문이다. 바람직한 현상이다.

창의성이란 새로운 것을 생각해내는 특성을 말한다. 기존 지식이나 고정관념에서 벗어나 독창적인 아이디어를 내놓는 힘이다. 남보다 앞서 나가길 바란다면 이런 능력이 반드시 필요하지 않을까? 특히 문학가, 예술가, 사업가 등에게는 필수라고 할 수 있다. 흉내내기로는 만년 2등일 수밖에 없다.

벽산그룹을 일궈낸 김인득(1915~1997)은 창의성을 유달리 강조했던 사업가다. '남과 같이 해서는 남 이상 될 수 없다'라는 좌우명을 평생 가슴에 새기며 살았다. 그는 경남 창원의 금융조합에서 9년 남짓 직장생활을 하며 모은 종잣돈으로 동양물산을 설립했다. 영화배급업과 극장업을 겸하는 무역회사였다.

1950년대에 외국영화를 수입해 극장에 배급하는 일은 매우 낯선 사업이었다. 남과 같이 하지 않았으니 남 이상 될 수 있었다. 서울의 단성사와 중앙극장을 비롯해 전국에 100여 개 극장 체인을 구축하며 '영화 왕'이란 소리를 듣기도 했다. 그는 여기에 머물지 않고 건설업에 관심을 두고 '대한스레트회사'를 설립했다. 벽산그룹의 모태인 이 회사는 1970년대 새마을운동 바람을 타고 급성장했다.

김인득의 좌우명은 다음과 같은 송나라 시인 황정견의 글에서 따온 것이다. "남이 하는 대로 따라 하면 끝내 남에게 뒤지기 마련이다. 스스로 일가를 이루어야 비로소 참다운 경지에 다다를 수 있다."

중국 명승지 장가계에 가면 남이 하는 대로 따라 하지 않고 스스로 일가를 이룬 사람을 만날 수 있다. '사석화(沙石畵)'라는 독특한 그림을 그리는 이곳 출신 화가 이군성. 그는 널빤지 위에 모래나 돌가루를 뿌려 그림을 그린다. 어릴 적 무척 가난해 종이나 물감을 구할 수 없어 자연에서 찾은 재료로 그림을 그리는 독특한 화법을 고안하게 되었다고 한다. 지금 그는 중국을 대표하는 화가에 속한다.

이군성은 화가로서 예술적 기교가 뛰어나기도 하지만, 모래나 돌을 이용해 그림을 그린다는 생각을 한 것이 참으로 놀랍다. 창의성의 전형을 보는 듯하다. 지금은 세계 각국에서 수입한 온갖 색상의 모래와 돌을 잘게 갈아서 작업을 한다. 장가계의 멋진 풍광을 어떤 수채화나 유화보다 더 아름답게 그려낸다. 현재 100여 명의 제자를 둔 이군성의 그림은 입체감이 살아 있는데다 질감이 뛰어나서 아주 비싼 가격에 거래된다.

이군성이 처음 모래와 돌을 이용해 그림을 그린다고 했을 때, 어쩌면 주변 사람들은 비웃으면서 무시했을지도 모른다. 무슨 일이든 남과 다르게 하면 외롭고 쓸쓸한 법이다. 창의적인 사람은 기존 질서를 깨는 행동을 하기 때문에 이단자나 미치광이 취급을 당할 수도 있다.

하지만 성공하려면 그런 시선이나 평가를 감수해야 한다. 남과 똑같이 해서는 크게 앞서기 어렵다. 블루오션을 개척하라고 세상이 끊임없이 요구하는 이유가 이 때문이다. 창의성을 앞세워 자기만의 능력을 발현하고자 노력해야 한다. 미국 작가 존 메이슨의 이 한마디는 울림이 크다. "원본으로 태어나 복제품으로 죽을 수는 없지 않은가?"

시간은 항상
강물과 같이 흐르고 있다 ─────

사상가 칼 힐티의 책에서 찾은 시간 중시 명언

-김형석(연세대 명예교수)

프랑스 장군 루이 리요테(1854~1934)가 어느 날 정원사를 불러 나무를 한 그루 심으라고 지시했다. 그러자 정원사는 "그 나무는 성장이 느려 다 자라려면 100년은 걸립니다"라며 반대했다. 그러자 리요테는 이렇게 말했다. "지체할 시간이 없군. 오늘 오후에 당장 심도록 하게."

시간은 쉴 없이 흐른다. 그것을 유용하게 사용하든 아무렇게나 허비하든, 누구에게나 똑같은 속도로 계속 흐른다. 인생에서 시간의 양이 한정되어 있다는 뜻이기도 하다. 때문에 주어진 시간에 감사하며 자신의 꿈이나 목표를 달성하기 위해 최선을 다하는 것은 참으로 중요하다. 어영부영 빈둥거리며 지체할 시간이 없다.

철학자 김형석(1920~)은 대학 시절 《행복론》으로 유명한 19세기 스위스 사상가이자 법률가 칼 힐티의 책을 읽고 시간 활용의 중요성을 절감했다고 한다. "시간은 항상 강물과 같이 흐르고 있다. 강가에 서 있는 사람은 모든 시간을 잃게 된다. 그러나 강물보다 빨리 걸어가는 사람은 언제나 시간의 여유를 갖는 법이다." 그는 이 말을 가슴에 새겨 시간을 지배하고 사는 법을 익혔다.

많은 사람들이 시간이 없다거나 모자란다고 말하는데, 자세히 살펴보면 저마다 시간을 제대로 활용하지 못하기 때문이라고 김형석은 진단한다. 강물보다 빨리 걷는 사람은 항상 시간이 남아돈다고 했다. 그는 시간은 그냥 주어지는 것이 아니라 잘 활용함으로써 채워지고 만들어지는 것이라고 말한다. "시간은 생명이다. 만약 병중에 있는 사람이 자기 생명을 아끼듯 시간을 아낀다면 참으로 많은 일을 할 수 있을 것이다."

그는 100년 넘게 긴 세월을 살아오면서 누구보다 성실했다. 유학에서 돌아와 연세대 철학과에서 후학을 가르치며 에세이 저술과 행복 강연을 꾸준히 해왔다. 매년 한 권 꼴로 책을 출판한 것을 보면 부지런하기 이를 데 없는 사람이다. 100세를 넘기고도 저술과 강연을 계속하고 있다. 흐르는 물보다 빨리 걷기에 누구보다 여유만만해 보인다.

시간은 중간에 멈추지 않고 흐르기 때문에 제때 고삐를 잡는 것이 중요하다. 돈보다 중요하다는 시간을 무의미하게 흘려보내는 것은 인생의 크나큰 낭비다. 시간을 지배하는 사람이 인생을 지배할 수 있다. 소설《돈키호테》의 저자 미겔 데 세르반테스는 "선천적으로 현명한 사람은 없으며 시간이 모든 것을 완성한다"라고 했다. 시간을 지배하는 사람이 곧 현명한 사람이란 뜻이리라.

시간의 고삐를 잡는 데는 여러 가지 방법이 있다. 무엇보다 빈둥거리는 시간을 지배하는 것이 가장 중요하다. 보통 사람에게 하루 24시간 중 일해야 하는 8시간과 잠자야 하는 8시간은 반드시 보장되어야 한다. 생업을 위한 노동과 건강을 위한 수면은 불가피하기 때문이다. 나머지 8시간은 대략 자유로운 시간이라 할 수 있다. 식사나 이동에 걸리는 시간을 빼더라도 4~5시간은 여유가 있다.

성공한 사람은 이와 같은 여유시간을 빈둥거리며 보내지 않고 효율적으로, 생산적으로 사용한다. 학업이나 독서, 자기계발, 운동, 사교활동 등으로 자신의 능력을 끊임없이 확장한다. 그런 가운데 성공으로 나아가는 기회를 찾는다. '시간이 없어서'라는 말은 예나 지금이나 어리석고 못난 사람이 내뱉는 변명일 뿐이다.

한 우물을 파라,
물이 나올 때까지! ————

청년 여행가에게 슈바이처가 들려준 조언

- 김찬삼(여행가)

1963년 11월 25일, 한국 최초 세계 여행가 김찬
삼(1926~2003)이 아프리카 서부 가봉공화국의 밀림
지역에서 알베르트 슈바이처 박사를 만났다. 김찬
삼은 37세, 슈바이처는 88세였다.

김찬삼은 머리카락과 콧수염이 하얀 노인에게
한국식 큰절로 인사를 했다. "박사님, 오래 전부터
만나 뵙고 싶었습니다. 영광입니다." 슈바이처는 세
계 곳곳을 여행 중인 한국 젊은이에게 여행 소감을
물었다.

"예, 저는 전 세계를 다니며 지리학을 공부하고
있습니다. 세계인들과 만나 그들의 문화를 접하면
서 세계는 하나라는 것을 느꼈습니다. 가슴을 열고
대화하면 누구든지 친구가 될 수 있다고 생각합니
다." 슈바이처는 고개를 끄덕이며 말했다. "그렇지
요. 대부분의 사람들은 착하고 평화를 사랑합니다.
하지만 소수의 사람들은 인류를 고통으로 몰아넣고
있어요."

김찬삼은 보름 동안 슈바이처의 병원에 머물며

삶이 너에게 레몬을 줄 때

건물의 낡은 곳을 고치거나 필요한 가구를 만들고, 페인트칠을 하는 등 일손을 도왔다. 떠날 때가 되자 작별인사를 나눈 다음 '밀림의 성자'로 불리며 노벨 평화상까지 받은 슈바이처에게 인생에 도움이 될 만한 지혜 한 가지만 들려달라고 부탁했다.

슈바이처는 한참 생각하더니 이렇게 말해주었다. "한 우물을 파라, 물이 나올 때까지!" 김찬삼은 우리가 흔히 듣는 이 충고를 평생 좌우명으로 삼고 살았다. 이 말은 슈바이처 자신의 좌우명인 '이상과 열정을 기억하라'와 맥락을 같이한다.

김찬삼은 서울대 사범대학을 졸업하고, 한동안 숙명여고와 인천고에서 지리 교사로 일했다. 그 후 미국 유학 도중에 전 세계를 무대로 배낭여행을 시작한다. 세계 일주 3회, 세계 테마여행 20여 회, 160여 개국 1,000여 개 도시 방문. 그의 평생 여행기록이다. 거리로 따져 지구를 32바퀴나 돌았으며, 여행에 할애한 시간이 무려 14년이나 된다. 일생의 5분의 1가량을 길에서 보낸 셈이다.

슈바이처를 만났을 때, 그는 이미 한 우물을 파고 있었다. 여행가로서 국내외 명성을 어느 정도 얻고 있었으니, 가끔 시원한 우물물을 마시고 있었던 셈이다. 김찬삼의 우물 파기는 죽을 때까지 계속되었다. 경희대 지리학과 교수직에서 정년퇴직하고 나서도, 중앙아시아 파미르고원을 넘어 실크로드를 답사한 뒤 유럽 각국을 샅샅이 여행하고 돌아왔다.

김찬삼은 지리를 연구하는 교육자로서 전 세계 모험여행을 통해 후배들에게 진취적 기상과 불굴의 의지를 심어주었다. 특별한 재능을 가진 사람이 아니라는 점에서 그의 업적은 한 우물을 판 결과라고 볼 수 있다. 만약 그가 이곳저곳에서 여러 우물을 팠다면 큰 성취를 이루지 못했을지도 모른다.

사실 재능이 특출하다면 여러 우물을 파도 상관없다. 다재다능한 사람, 팔방미인이 간혹 있긴 하다. 하지만 대다수의 경우 여러 분야에 손을 댔다가는 모두 실패할 수도 있다. 옛날 속담 무시할 일은 아니다. "만 가지 재주 가진 놈이 밥 굶는다."

반대로 딱 한 가지만 잘해 한 우물만 죽으라고 파면 최소한 밥은 굶지 않을 수 있다. '선택과 집중'을 실천하는 삶을 가리킨다. 그것이 진성으로 하고 싶은 일이라면 행복도 결국 따라올 것이다. 문득 코미디 범죄 영화 〈주유소 습격사건〉에 나오는 유명한 대사가 떠오른다. "난 한 놈만 패!"

변하지 않는 것으로
만 가지 변화에 대응한다 ─────

원칙을 지키되 유연함을 실천한 지도자

- 호찌민(베트남의 초대 국가주석)

베트남은 1945년 일본이 패망하자 새나라 건설의 꿈에 부풀었다. 하지만 제2차 세계대전 발발 이전 약 100년 동안 베트남을 식민 지배했던 프랑스가, 일본의 빈자리에 들어와 다시 지배하려는 야욕을 드러냈다.

대응에 나선 해방정국의 민족 지도자 호찌민(1890~1969)은, 베트남이 프랑스령 인도차이나 연방의 일원으로 제한된 주권을 인정받는 내용의 협정에 서명했다. 완전한 독립을 원하던 베트남 국민은 굴욕적인 협정이라며 강력 반발했다. 호찌민을 '민족 반역자'라고 몰아붙였다.

호찌민은 어떻게 대응했을까? 그는 명분보다 현실이 중요하다며 국민을 설득했다. 100년을 지배한 프랑스보다 1,000년을 지배했던 중국을 더 경계해야 한다고 주장했다. 일본군 무장해제를 핑계로 하노이에 진주한 중국(국민당)군을 철수시키려면 프랑스를 적절히 이용해야 한다는 생각을 갖고 있었던 것이다. "평생 중국인의 똥을 받아먹는 것보다는 잠시 프랑스인의 똥 냄새를 맡는 것이 낫다."

호찌민은 사고가 유연했고, 시대 변화에 능동적으로 대응할 줄 알았다. 이후 프랑스가 약속을 위반하자 그는 곧바로 전쟁에 돌입했으며, 결국 1954년 프랑스를 인도차이나 반도에서 완전히 몰아냈다. '완전한 독립'이라는 대원칙을 절대 양보하지 않겠다는 의지를 국내외에 과시한 것이다.

이와 같은 정치 철학은 그의 인생 좌우명에서 나왔다고 할 수 있다. '이불변 응만변(以不變 應萬變)'이 그것이다. 변하지 않는 원칙을 바탕으로 모든 변화에 대응한다는 뜻으로, 그가 평생 간직했던 삶의 방식이기도 하다.

이 정치 철학은 이후 베트남이 미국과의 기나긴 전쟁을 승리로 이끈 데 이어, 중국의 침략을 어렵지 않게 격퇴하는 데도 큰 역할을 했다고 베트남인들은 평가한다. 이런 정신은 통일 후 베트남 정부가 개혁개방 정책을 이끄는 통치 철학으로도 자리잡았다. 경제 부흥을 위해 적국이었던 미국, 한국과 적극적으로 우호 관계를 맺은 것도 그 일환이다.

호찌민의 좌우명이 지금도 베트남인들의 머릿속에 남아 있는 이유는 그가 칭송받아 마땅한 훌륭한 국가 지도자였기 때문이다. 평생토록 조국 독립을 위해 애썼을 뿐만 아니라 통일을 위해 전심전력했으며, 누구보다 검소한 삶을 살았기에 베트남인들은 그를 국부(國父)라 부르는 데 주저하지 않는다.

원칙을 지키되 변화에 능동적으로 대응해야 한다는 호찌민의 생각은 국가 통치 철학으로만 유용한 게 아니다. 개인의 인생살이에도 더없이 중요한 덕목이다. 급변하는 세상에 살면서 기존의 제도와 전통을 존중해야 한다는 이유로, 또는 예상치 못한 위험에 직면할 수 있다는 이유로 변화를 거부하면 발전을 기대하기 어렵다. 발전은커녕 뒤처지기 십상이다. 마냥 안전지대에 머무는 것은 퇴보를 의미한다.

지금 우리는 기술 폭발, 정보 홍수의 시대에 살고 있다. 세상의 변화에 기민하게 대응하려는 마음가짐과 적극적으로 대처할 수 있는 능력은 성공을 일구고 미래를 준비하는 데 필수적인 자질이다. 행동을 이끌어내려면 우선 생각부터 바꾸어야 한다. 생각을 바꾸지 않으면 다른 어떤 것도 바꿀 수 없기 때문이다.

"우리가 창조한 세상은 우리가 생각하는 과정이다. 우리의 생각을 바꾸지 않고서는 우리의 세상을 바꿀 수 없다." 알베르트 아인슈타인이 한 말이다.

생각이 같은 사람을
주위에 두지 않는다 ─────

'다름'을 통해 창의성을 찾는 남다른 소신

-빌 게이츠(미국의 마이크로소프트 창립자)

마이크로소프트를 창업한 빌 게이츠(1955~)에게는 '생각주간(Think week)'이라는 게 있다. 1년에 두 번 미국 서북부 호숫가 별장에 일주일 동안 은둔하며 생각을 정리한다. 가족과 동행하지 않는 것은 물론, 음식을 넣어줄 관리인 말고는 아무도 찾아오지 않는다. 평소에는 5분 단위로 바쁘게 살지만, 이 기간 동안에는 조용히 독서하며 전 세계 직원들이 보내온 사업 보고서를 검토한다.

40년 가까이 이어온 일이다. 그는 생각주간을 쌍방향 커뮤니케이션의 기회로 적극 활용한다. 게이츠는 직원들 누구나 보고서를 제출할 수 있도록 제도화해 의사소통의 벽을 없앴다. 직원들이 제안하는 참신한 아이디어를 사심 없이 검토해 성과물을 만들어낸다.

이는 활발한 의사소통을 통해 혁신을 추구하는 게이츠 특유의 경영 철학을 반영한 것이다. 그는 자신과 생각이 다른 사람들을 애써 가까이한다. 그의 좌우명에 따른 것이다. "나와 같은 생각을 가진 사람을 내 주위에 두지 않는다."

게이츠는 호기심이 무척 많은 아이였다. 어린 시절 도서관에 가서 책 읽는 것을 좋아했는데, 낯설고 새로운 것에 대한 동경 때문이었다. 책에는 자신이 아닌 남의 생각이 무궁무진하게 들어 있다. 그를 창의적 인간으로 성장시킨 것, 하버드 법대를 돌연 중퇴하고 컴퓨터 회사를 차리게 한 것은 독서의 힘이라 해도 틀리지 않다.

그는 '같음'보다 '다름'을 중시한다. 그의 이런 말에서 잘 엿볼 수 있다. "혁신은 수천 가지 일에 '아니오'라고 말하는 것이다." "가장 불만에 찬 고객은 가장 큰 배움의 원천이다." "자신을 세상 누구와도 비교하지 마라. 만약 그렇게 한다면 그것은 자신을 모욕하는 것이다."

게이츠는 이런 철학에 힘입어 세계 최고 경영자, 최고 부자가 되었다. 자신과 생각이 같은 사람들만 가까이했다면 이렇게까지 성공하지 못했을지도 모른다. 끊임없는 아이디어 창출에 당연히 한계가 있었을 것이다. "예"라고만 대답하는 사람들에게 둘러싸여서는 큰일을 하기 어렵다.

훨씬 앞서 살다간 에이브러햄 링컨은 이와 같은 인생 철학의 대표적 실천가였다. 링컨은 대통령 재임 때 건강한 '라이벌 팀(Team of rivals)'을 운영했다.

미국 법학자 캐스 선스타인은 저서《우리는 왜 극단에 끌리는가》에서 이렇게 설명한다. "링컨은 자기 생각에 이의를 제기하는 다양한 사람들을 의도적으로 선택했다. 그들의 주장을 하나씩 검토해 가장 합리적인 결론을 내렸다. 그것이 그를 성공으로 이끌었다."

이런 사고방식은 일상의 인간관계 발전에도 큰 도움이 될 수 있다. 생각이 같은 사람과 어울리는 데 익숙하면 당장 편하긴 하다. 하지만 세상에는 그런 사람만 있는 게 아니다. 가정에, 학교에, 직장에 생각이 다른 사람이 널려 있다. 그런 사람들에게도 마음을 열지 않으면 안 된다. 생각을 바꿔보면 어떨까? '다름'이 '틀림'이 아니라는 것을 알고 포용하면 나와 남 모두가 편안해진다.

생각이 같은 사람과는 평탄한 길을 함께 걷기는 수월하지만, 오르막을 함께 오르긴 어렵다. 오르막은 생각이 다른 사람과 함께하는 것이 더 유리할 수 있다. 난관이 닥쳤을 때 예상 밖 새로운 대책이 떠오를 수 있기 때문이다. 생각이 다른 사람도 친구로, 동료로 맞아들여야 하는 이유가 여기에 있다.

주어진 카드를 잘 활용하라, 그것이 인생이다 ────

사관학교 입교를 앞두고 어머니가 해준 충고

-드와이트 아이젠하워(미국의 제34대 대통령)

매사에 불평불만인 사람이 있다. 열악한 가정환경을 탓하는가 하면, 자신의 능력을 알아주지 않는다고 세상을 원망하곤 한다. 반면 환경과 조건을 담담하게 받아들이며 주어진 일을 묵묵히 수행하는 사람이 있다. 성공과 실패는 이런 마음가짐의 차이에 달렸다고 해도 과언이 아니다.

제2차 세계대전을 승리로 이끌고 미국 대통령을 역임한 드와이트 아이젠하워(1890~1969). 그는 평범하지만 사랑이 넘치는 어머니에게서 이런 진리를 배웠다. 칠형제 중 셋째아들로 태어난 그는 어린 시절 전쟁놀이와 미식축구를 무척 좋아했다. 어머니는 평소 전쟁을 죄악시하는 평화주의자였기 때문에 아들이 전쟁놀이를 하는 것을 무척 싫어했다.

하지만 아이젠하워가 육군사관학교 진학을 결정하자 허락하지 않을 수 없었다. 대신에 어머니는 입교를 앞둔 아들을 불러놓고 이런 충고를 했다. "카드를 돌리는 것은 하느님의 몫이란다. 어떤 카드를 받게 되든 꼭 쥐고 있어야 한다. 네가 할 수 있는 일은 그 카드를 잘 활용해서 최고의 결과를 얻어내는 것이란다. 인생도 마찬가지야."

인생에서 환경이나 조건은 하느님이 부여하는 것이어서 어쩔 수 없으니 불평불만 하지 말고 최선을 다해 성공하라는 메시지였다. 아이젠하워는 어머니의 충고를 인생 좌우명으로 삼았다. 대통령이 되기까지 든든한 밑바탕이 된 그의 성공적인 군 생활은 어머니의 조언에 힘입은 바 크다.

그는 육사 졸업 후 보병장교가 되었지만, 동기들에 비해 진급이 많이 늦었다. 소령이 되고 나서 중령으로 올라가기까지 무려 16년이나 걸리는 바람에 보병 대대장 한 번 경험하지 못했다. 그러나 불평하지 않고 음지에서 성실하게 근무했다. 이런 사람을 누가 싫어하겠는가? 그는 오랫동안 맥아더 장군의 전속부관을 지냈다. 그 뒤 맥아더 장군의 도움으로 대령으로 진급했고, 제2차 세계대전이 벌어진 다음부터는 빠른 속도로 출세가도를 달렸다.

1942년 북아프리카 연합군 총사령관, 이듬해에는 유럽 연합군 최고사령관에 올랐다. 1944년 노르망디 상륙작전으로 전세를 뒤집은 뒤 이듬해 히틀러를 굴복시키는 데 성공한다. 전쟁영웅이 된 그는 미국인들의 전폭적인 지지를 받아 대통령 선거에 당선되었다.

아이젠하워가 승진 누락을 불평하며 임무에 소홀했다면 소령이나 중령 즈음에 전역했을 가능성이 크다. 하지만 그는 그렇게 하지 않았다. 남다른 성실함 덕분에 결국 군 최고 지도자들의 신임을 받았으며, 이후에도 최선의 노력으로 맡은 바 직분을 훌륭하게 수행했다.

누구에게나 성공은 최선의 노력에 의해 주어진다. 성공은 언제 어디서나 저마다 최선을 다해 피워낸 아름다운 꽃이다. 노력 없이 성공한 사람이 있다면 그것은 요행이 가져다준 예외일 뿐이다. 최선을 다한다는 것은 모든 것을 시도해본다는 뜻이다. 시도해볼 만한 것이 하나라도 남아 있다면 아직 최선을 다한 것이 아니다.

최선을 다하려면 불평불만에서 벗어나야 한다. 설령 불만이 있더라도 불평하지 않는 것이 좋다. 아이젠하워라고 왜 불만이 없었겠는가? 불만이 있지만 불평을 자제했을 것이다. 불평은 자기 자신을 해칠 뿐만 아니라 자기를 도울 수도 있는 주변 사람들을 떠나가게 만든다. 미국 여배우 캐서린 헵번은 이런 말을 남겼다. "절대로 불평하지 마라. 변명도 절대 하지 마라."

천천히 서둘러라 ───────

속도조절의 중요성을 간파했던 현자의 지혜

-아우구스투스(로마의 초대 황제)

초보 뱃사공은 무작정 있는 힘을 다해 노를 젓는
다. 그러다 제풀에 금방 지쳐버릴 수 있다. 반대로
경험이 많거나 지혜로운 뱃사공은 물과 바람의 흐
름을 먼저 살핀다. 좋은 때를 기다렸다가 큰 힘 들이
지 않고 부드럽게 전진한다.

지긋지긋한 내전을 종식하고 약 200년간 계속
된 '팍스 로마나' 시대를 연 초대 황제 아우구스투
스(BC63~AD14)는 무척 지혜로운 뱃사공에 속한다.
합리적인 방향 설정과 여유, 속도조절을 통해 절대
권력을 장악하는 데 성공했다. 그의 인생 좌우명 '천
천히 서둘러라(Festina lente)' 덕분인지도 모른다. 그
는 집무실에 줄곧 이 문구를 걸어놓았다고 한다. '천
천히'와 '서두르다'란 단어가 서로 모순되는 조합이
지만 멋진 인생 지혜라고 해야겠다.

아우구스투스는 갑자기 피살된 양아버지 율리
우스 카이사르의 유언으로 후계자가 되었지만, 백
전노장 안토니우스의 강력한 도전을 받는다. 19세
어린 나이라 정치인맥이나 군사능력이 미약했기에
안토니우스와 맞붙으면 패배할 가능성이 높았다.

　　　　　　　　　삶이 너에게 레몬을 줄 때

그래서 권력을 곧바로 물려받는 대신 기다리고 우회하는 전략을 세운다.

누이 옥타비아를 안토니우스에게 시집보내 화해를 꾀하는가 하면, 안토니우스가 포함된 제2차 삼두정치를 시작했다. 힘을 기를 때까지 시간을 벌기 위한 전략이었다. 그러는 사이에 안토니우스는 점령지 이집트에서 그곳 여왕 클레오파트라와 사랑에 빠졌고, 둘 사이에 세 자녀가 태어났다.

안토니우스는 클레오파트라와 그녀의 자녀들에게 모든 것을 내어주는 듯한 언행을 일삼았다. 이에 아우구스투스는 안토니우스가 로마를 배신했다는 식으로 여론전을 펼쳤다. 이는 로마 권력자들이 안토니우스와 절연하도록 만드는 데 큰 효과가 있었다. 결국 젊은 명장 아그리파를 내세운 아우구스투스가 안토니우스-클레오파트라 연합군을 제압하는 데 성공한다. 제정시대가 개막되는 순간이다.

아우구스투스의 좌우명을 보면, 그가 양아버지 카이사르를 반면교사로 삼았음을 알 수 있다. 카이사르는 황제에 버금가는 절대권력을 갖게 되었지만, 각종 개혁정책을 너무 빠르게 추진한 탓에 원로원 귀족세력의 미움을 샀고 결국 그들에게 죽임을 당했다. 아우구스투스는 급히 서둘러 일시적으로 해결하는 것은 미봉책에 불과할 뿐이고, 장기적인 목표를 위해 계획을 세우는 것이 오히려 절호의 기회를 놓치지 않는 방법임을 깨달았을 것이다.

'천천히 서둘러라'란 표현에서 '급할수록 돌아가라'란 말이 떠오른다. 다급한 일이 생겨 서두르다 보면 중요한 것을 놓칠 수 있다. 아무리 속도가 빨라도 방향이 맞지 않으면 소용없는 일 아닌가. 급할수록 전후 좌우 살피면서 차분하게 판단하고 움직이는 여유가 필요하다.

한국에 온 외국인이 가장 먼저 배우는 단어 중 하나가 '빨리빨리'라고 한다. '빨리빨리'의 습관이 아예 문화로 자리잡은 것 같다. 빨리빨리 하는 것이 반드시 효율적인 것만은 아니다. 시간을 두고 해야 하는 일이 엄연히 존재한다. 각자 일상에서 얼마나 많이 '빨리빨리'를 말하는지 헤아려볼 일이다.

성공의 길로 나아가는 데 목표 설정은 무조건 중요하다. 종착할 항구가 있는 배라야 바람의 도움을 적절히 받을 수 있다. 바람의 도움을 받더라도 원하지도 않은 항구에 들어가면 무슨 소용이 있겠는가? 바쁘더라도 출발하기 전에 차분히 항로를 점검해야 한다. 서두른다고 능사가 아니다.

승리는 가장 끈기 있는 자의 것이다 ─────

테니스 경기장에 새겨진 나폴레옹의 명언

- 롤랑 가로스(프랑스 비행사)

"숨 막히는 고통도 뼈를 깎는 아픔도

승리의 순간까지 버티고 버텨라

우리가 밀려나면 모두가 쓰러져

최후의 5분에 승리는 달렸다."

우리나라 군가 〈최후의 5분〉 첫머리 가사다. 절체절명의 최전방 전투 상황에서 승리를 목전에 두고 마지막 5분을 끝까지 버티라고 독려한다. 5분만 견디면 영광의 승리를 거두지만 버티지 못하고 물러서면 모두가 죽음이다. 우리 삶에서도 귀중한 목표를 쟁취하는 과정에서 이런 극한의 상황을 맞을 수 있다. 이런 경우 오직 끈기만이 승리를 부른다.

세계 4대 테니스 그랜드슬램 중 하나인 '프랑스 오픈'이 열리는 파리 시내 롤랑 가로스 경기장의 메인코트에는 이런 글귀가 크게 새겨져 있다. '승리는 가장 끈기 있는 자의 것이다(La victoire appartient au plus opiniâtre).' 프랑스의 천재 비행사이자 전쟁영웅인 롤랑 가로스(1888~1918)의 인생 좌우명으로, 일찍이 정복왕 나폴레옹 보나파르트가 했던 말이다.

그는 지중해를 횡단하던 비행기 프로펠러에 이 좌우명을 새겼다.

가로스의 좌우명이 테니스 경기장에 새겨진 사연은 이렇다. 그는 어린 시절 폐렴을 앓는 등 병약했으나, 고난과 고통을 굳센 의지로 극복하며 죽음조차 두려워하지 않고 도전했던 사람이다. 가로스는 비행사가 되어 지중해를 세계 최초로 횡단했다. 제1차 세계대전 때는 많은 무공을 세웠으나, 독일군에 체포되었다가 3년 만에 탈출에 성공했다.

당시 조르주 클레망소 총리는 가로스의 출격을 만류했으나 고집을 부려 다시 전투기를 탔고, 결국 30세 젊은 나이에 전사했다. 프랑스 정부는 1928년 가로스의 용기와 애국심을 기려 프랑스 오픈 테니스 대회의 별칭으로 그의 이름을 사용할 수 있게 했다. 또한 롤랑 가로스는 테니스 대회가 열리는 경기장 이름이기도 하다.

좌우명 글귀는 프랑스 오픈 테니스 경기장의 특성을 반영한 것이기도 하다. 이 경기장은 영국 윔블던 대회의 잔디코트나 US오픈의 하드코트와 달리 붉은색 벽돌가루가 덮인 클레이코트다. 클레이코트는 흙의 저항이 크기 때문에 지면에 바운드된 공의 속도가 느려 선수들의 체력 소모가 많은 편이다. 화려한 기술이나 파워보다 끈질긴 정신 자세가 더 많이 요구된다.

롤랑 가로스의 끈기 있는 삶은 성공을 갈망하는 젊은이들에게 귀감이 되기에 충분하다. 그가 '나의 사전에 불가능이란 없다'라고 한 나폴레옹의 끈기 명언을 자기 좌우명으로 삼은 것 또한 남다르다. 끈기는 고난과 고통을 이겨내고 성공의 길로 안내하는 마지막 비밀 열쇠다. 성공은 포기하기 바로 직전에 찾아올 수도 있기에 끝까지 버티는 것이 무엇보다 중요하다. 스스로 정한 목표가 진정 원하는 것이고 가치 있는 것이라면 아무리 힘들어도 포기해선 안 된다.

성공가도에 끈기를 대신할 수 있는 것은 아무것도 없다. 아무리 재능이 있어도 끝까지 최선을 다하는 끈기가 없으면 목표를 이룰 수 없는 경우가 허다하다. 많은 경우에 습관이 된 끈기는 재능을 뛰어넘는다.

"당신의 진정한 모습은 당신이 반복적으로 행하는 행위의 축적물이다. 탁월함은 하나의 사건이 아니라 습관이다." 그리스 철학자 아리스토텔레스가 했던 말이다. 끈기를 습관으로 삼아보면 어떨까? 재능이 다소 부족해도 성공할 수 있는 확실한 방법이다.

왜 최선을 다하지 않았는가? ────

해군장교 시절 제독에게 받은 뼈아픈 질책

-지미 카터(미국의 제39대 대통령)

미국 조지아주 땅콩 농장주 출신으로 대통령에
까지 오른 지미 카터(1924~)가 스스로 밝힌 젊은 시
절 일화다.

해군장교 시절 그는 원자력 잠수함 부대 근무를
지원했는데, 책임자 하이먼 리코버 제독과 면담하
면서 귀중한 깨달음을 얻었다. 제독은 카터 장교에
게 군인의 자세, 원자력 잠수함 전술 등에 대해 질문
한 뒤 갑자기 화제를 바꾸었다. "해군사관학교 시절
공부는 재미있었는가? 그때 귀관의 성적은 어땠는
가?" 카터는 내심 자랑스럽게 대답했다. "전체 820
명 중 59등을 했습니다."

그러자 제독은 기대했던 칭찬 대신 또다시 질문
을 던졌다. "귀관은 그때 최선을 다했는가?" 카터는
우물쭈물하다 "글쎄요, 제가 최선을 다했다고 말씀
드릴 순 없지만…"이라고 얼버무려야 했다. 그러자
제독은 카터를 빤히 쳐다보며 다그쳐 물었다. "왜
최선을 다하지 않았는가?" 카터는 긴장한 나머지
아무런 대답도 할 수 없었다.

카터는 대답할 수 없었던 그 질문, '왜 최선을 다

삶이 너에게 레몬을 줄 때

하지 않았는가?(Why not the best?)'를 평생 가슴에 안고 살았다. 그의 인생에 크나큰 울림을 준 특별한 질책이기 때문이었다. 기독교 신앙이 독실한 그는 제독을 면담한 날 밤, 잠자리에서 이런 생각을 했다고 회고한다.

"내가 인생을 다 살고 주님 앞에 서는 날, 주님은 제독이 던진 것과 비슷한 질문을 던질 것이 아닌가? 만약 주님이 그렇게 물으신다면 어떻게 대답해야 할까?"

카터는 이 질문을 좌우명으로 삼아 누구보다 최선을 다하는 삶을 살았다. 조지아주 상원의원을 거쳐 주지사를 지낸 뒤 1976년 대통령 선거에 출마했다. 주지사지만 전국적으로는 무명에 가까웠기 때문에 이름을 알리기 위해 처음으로 자서전을 썼다. 그는 자서전 제목으로《WHY NOT THE BEST?》를 선택해 큰 호응을 얻었다. 내친김에 이를 대통령 선거 슬로건으로 활용해 당선에 성공했다.

'대통령 카터'는 무능하다는 평가를 받아 재선에 실패했다. 하지만 '전직 대통령 카터'는 찬란하게 빛났다. 퇴임 이듬해 조지아주에 '카터 센터'를 설립해 세계 평화와 인권 개선, 해비타트(사랑의 집짓기) 운동을 지속적으로 펼쳤다.

카터는 정치외교 활동에도 매진했다. 이스라엘

과 팔레스타인을 중재해 '오슬로 협정'을 이끌어내는가 하면, 평양을 방문해 북핵문제로 야기된 남북간 긴장 해소에 결정적으로 기여했다. 이런 공로로 그는 2002년 노벨 평화상을 받았다. 미국 전직 대통령으로는 첫 노벨상 수상이다.

카터의 이런 성공적 인생은 '최선을 다하는 삶'의 결과라고 할 수 있다. 아버지에게 물려받은 땅콩 농장 경영에 머물지 않고 상원의원, 주지사, 대통령으로 담대하게 나아간 것은 말할 것도 없고, 퇴임 후 전 세계인으로부터 박수 받는 인생을 가꾼 것도 마찬가지다.

우리 같은 보통 사람에게도 매사에 최선을 다하는 자세가 더없이 중요하다. 어쩌면 최고가 되는 것보다 더 중요할지 모른다. 최고는 남을 향하지만, 최선은 언제나 자기 자신을 기준으로 하기 때문이다. 최선을 다한 사람은 결과에 연연하지 않는다. 과정을 중시하기에 후회를 남기지 않는다. 그래서 불평불만이 없다. 비록 실패하더라도 크게 불행하다고 생각하지 않는다. 최선을 다한 사람에게 성공과 행복이 함께 주어지는 이유다.

삶이 너에게 레몬을 줄 때

오늘 할 일을 내일로 미루지 말라 ──────

어릴 적 할아버지 편지에서 발견한 인생 조언

-토머스 제퍼슨(미국의 제3대 대통령)

미국 하버드대학교 도서관 벽에 이런 문구가 적혀 있다고 한다. "지금 잠을 자면 꿈을 꾸지만, 공부를 하면 꿈을 이룰 수 있다." 내일이나 다음에 할 게 아니라 오늘 당장 행동에 옮기는 것이 중요하다는 메시지가 담긴 표현이다. 지금 해야 할 공부나 일을 이 핑계 저 핑계 대면서 계속 미루면 아무것도 이룰 수 없음은 너무도 분명하다.

미국의 건국 주역으로 제3대 대통령을 지낸 토머스 제퍼슨(1743~1826)이 자신의 좌우명으로 삼았던 '오늘 할 일을 내일로 미루지 말라'와 일맥상통하는 말이다. 그는 어린 시절 할아버지에게 받은 편지에서 이 문구를 발견하고 평생 가슴에 새기고 살았다고 한다. 예나 지금이나 모든 사람들에게 최고의 금언이라 하겠다.

제퍼슨은 평생 '오늘 하루 최선을 다하는 삶'을 살았기에 실제로 대단한 업적을 남길 수 있었다. 철학, 역사학, 언어학, 자연과학, 건축학, 농학 등 다양한 학문에 심취했으며, 미국 독립선언서의 초안을 작성할 정도로 뛰어난 문장가였다. 국무장관에 이어 대통령을 역임하며 건국 초기 나라의 기초를 닦았다. 대통령 퇴임 후에는 버지니아대학교를 설립해 총장을 역임했다.

"미국 독립선언서의 기초자, 버지니아 종교 자유법의 제안자, 버지니아대학교의 아버지 토머스 제퍼슨이 여기 잠들다." 자신이 직접 남긴 묘비명이다. 세속적 출세의 상징인 대통령 경력을 묘비명에서 제외했을 정도이니, 그의 삶은 정말 위대하면서도 멋지다.

서양 사람들은 내일보다 오늘이 중요하다며 지금 당장 열심히 살라는 가르침을 유별나게 중시한다. 핑계와 변명을 혐오한다. 오죽하면 "만약에와 언젠가를 땅에 심으면 아무것도 자라지 않는다"라는 속담까지 있다. 제퍼슨과 함께 미국 건국에 기여한 벤저민 프랭클린 또한 저서《가난한 리처드의 달력》에서 오늘의 중요성을 거듭 강조했다.

"오늘의 하루는 내일의 이틀이다.""오늘의 계란 하나가 내일의 암탉 한 마리보다 낫다.""내일 할 일이 있거든 오늘 하라.""내일이면 모든 잘못이 고쳐질 거라고 말하는 사람에게 그 내일은 영원히 오지 않는다."

그렇다. 무슨 일이든 오늘 하기 싫어서 내일로 미루는 사람에게 성취는 기대하기 어렵다. 그런 사

삶이 너에게 레몬을 줄 때

람은 정작 내일이 와도 실천하지 않을 가능성이 크다. 문제는 그런 사람이 굉장히 많다는 사실이다. 필자도 어린 시절 그런 사람이었다. 열심히 공부할 계획을 세웠으나 전혀 실천하지 않아 스스로 낙담한 적이 한두 번이 아니다. 오늘 하루 최선을 다하는 것이 얼마나 중요한지 모른다.

그런데 오늘 할 일을 내일로 미루는 사람이라고 해서 반드시 게으르다고 단정하기는 어렵다. 요령이 없거나 목표가 너무 큰 탓일 수도 있다. 현실성 없는 목표를 세운 나머지 미리부터 겁먹고 자신감을 잃어버리는 경우를 흔히 볼 수 있다. 실천력이 부족해서라기보다는 계획을 비합리적으로 잘못 세우기 때문이다.

오늘 해야 할 일을 꼭 실천하겠다고 마음먹었다면, 많은 것을 하기보다 조금이라도 실제로 그것을 하는 것이 중요하다. 조금 하더라도 전혀 하지 않는 것보다는 백 번 낫지 않은가? 완벽을 추구하려는 마음이 오히려 일을 그르치거나 지연시킨다. 그런 마음은 욕심이다.

4

호모 심비우스, 공생하는 인간

"

자기에게는
가을 서리처럼 엄격해야 하고,
남에게는 봄바람처럼
부드럽게 대해야 한다.

"

최후의 승자는 선한 사람이다 ─────

따뜻한 포용력과 품격이 있는 대인관계 원칙

-서현(가수, 배우)

"최후의 승자는 선한 사람이다. 착하고 정직하게 사는 게 손해 보는 것 같지만, 동기와 목적이 선하지 않으면 결국 그것이 이기는 게 아니더라. 이런 생각을 잊지 않고 살아가면 좋겠다."

가수이자 배우 서현(1991~)이 어느 인터뷰에서 한 말이다. 첫 문장 '최후의 승자는 선한 사람이다'가 자기 좌우명이라 한다. 또 다른 인터뷰에서 선하게 살면 불이익을 당한다는 느낌이 들지 않느냐는 질문을 받고 이렇게 말했다.

"어떤 사람들은 그렇게 살면 바보같이 당하고만 사는 것 아니냐고 말한다. 나 역시 그렇게 생각한 적이 있다. 그러나 삶에서 가장 중요한 건 자신에게 떳떳한 것이라고 생각한다. 내가 잘되지 않는다 해도 요행에 기대지 않고 스스로 부끄럽지 않게 사는 것이 멋진 삶 아닐까 생각한다." 젊은 연예인의 도덕적 품격이 물씬 느껴지는 대답이다.

서현은 2007년 걸그룹 〈소녀시대〉로 데뷔했다. 2013년에는 배우로도 활동하기 시작해서 현재 안정적인 연기 생활을 이어가고 있다. 길거리 캐스팅을 계기로 초등학교 5학년 때부터 연습생 생활을 했는데, 팀의 막내로 언니들의 사랑을 독차지할 정도로 대인관계가 좋다.

그녀는 대표적인 '바른생활 연예인'이다. 외모와 심성이 단아하고 차분하며 선해 보인다. 자기 관리도 철저해 규칙적인 생활을 하는 것으로 유명하며, 선행과 기부도 많이 하는 편이다.

어려서부터 연예인으로 생활하면서 어려움이 없었겠는가. 그녀는 "좋은 마음으로 말한 건데 상대방이 좋지 않게 받아들였을 때 회의감이 많이 들었다"고 고백하기도 했다. 인간관계는 상대에 따라 반응할 수밖에 없기 때문에 스스로 떳떳하기 위해 '최후의 승자는 선한 사람'이라는 좌우명만은 꼭 지키기로 결심했다고 한다.

서현이 말하듯 선하게 행동하면 손해 본다는 느낌이 드는 게 사실이다. 착한 것을 악용하는 사람에게 불이익을 당할 수도 있다. 그래서 깍쟁이처럼 사는 것이 오히려 낫다고 말하는 사람도 있다.

하지만 서현의 좌우명은 어느 시대, 어떤 사회에서나 진리에 가깝다. 착하고 반듯하게 사는 사람이 결국 이기게 되어 있다. 심성이 나쁜 사람에게는 십중팔구 적이 생긴다. 인생에서 지원군을 만나기 힘드니 자기 성장에 걸림돌이 된다. 그래서 예나 지금이나 학교에서 도덕을 강조하는 것이다.

도덕법칙을 준수하며 살라고 설파했던 독일 철학자 임마누엘 칸트에게서 확신을 얻을 수 있다. 그의 묘비에는 이런 문구가 새겨져 있다. "내 마음을 늘 새롭고 더한층 감탄과 경외심으로 가득 채우는 두 가지가 있다. 그것은 내 위에 있는 별이 빛나는 하늘과 내 속에 있는 도덕법칙이다." 그의 저서 《실천이성비판》에 나오는 구절이다.

칸트에게 도덕법칙이란 인간이 인간이기에 스스로 복종해야 하는 규칙으로, 남의 인격을 수단으로 삼지 말고 항상 목적으로 대우해야 한다는 것이다. 도덕적으로 살아야 하는 이유로 칸트는 그렇게 해야만 선하게 통치하는 신의 존재와 내세의 삶을 희망할 수 있기 때문이라고 설명한다. 도덕적으로 사는 사람이 그렇지 않은 사람보다 대체로 성공하고 행복할 수 있다고 칸트는 주장한다. 행복해도 좋을 자격을 갖추었기 때문이라고 한다.

도덕을 실천하며 선하게 사는 사람은 장수한다는 말도 있다. "미덕을 베풀며 사는 사람은 오래 산다. 흠이 없는 정신은 육체를 건강하게 만들기 때문이다." 스페인 작가 발타자르 그라시안이 한 말이다.

힘을 빼자

뒤늦게 힘 빼기의 성공 철학을 깨달은 보컬리스트

-김종서(가수)

"보통 고음에는 힘이 많이 들어간다고 생각하지요. 반대입니다. 힘을 빼야 힘을 쓸 수 있어요. 고음일수록 힘을 빼야 합니다."

언젠가 가수 김종서(1965~)가 방송에 나와서 했던 말이다. 고음을 내는데 힘을 주지 않고 빼야 한다고? 고음이 주특기인 보컬리스트의 말에 의외라는 생각이 들었다. 하지만 그의 음악 인생을 자세히 들여다보면 고개가 끄덕여진다.

김종서는 1980년대와 90년대에 자타가 인정하는 최고의 로커였다. '대한민국 록 음악의 전설'이라 해도 전혀 이상하지 않다. 대표 록밴드 〈부활〉과 〈시나위〉에서 핵심 역할을 했으며, 90년대 초에는 솔로로 전향해 선풍적인 인기를 누렸다. 록 가수 최초로 세종문화회관에서 단독 콘서트를 개최하기도 했다.

하지만 노래한 지 20년을 넘기면서 특유의 고음을 내는 데 한계를 느끼기 시작했다. 목소리 전반에 답답함도 느껴졌다. 소리 공부를 다시 해야겠다는 생각이 들었다. 그래서 40대 후반 성악에 입문하게

삶이 너에게 레몬을 줄 때

되었다. "나이 60, 70이 되는 테너들이 꾸준히 활동하는 것을 보고 성악에 관심을 가졌어요. 나의 원래 모습에 대충 다른 것들을 갖다 붙이는 것이 아니라 나를 완전히 깨는 작업을 시작했어요."

김종서는 성악을 시작하자마자 몸에서 힘 빼는 법부터 익혔다. 고음을 내는 데 힘 빼는 것이 얼마나 중요한지 뼈저리게 느꼈다. 그는 '힘을 빼자'를 좌우명으로 삼았다. 밑바닥부터 공부하는 게 쉽지 않았지만 오래지 않아 그는 한층 풍부해진 성량으로 노래할 수 있게 되었다. "저는 성대 의존도가 높은 보컬인데 힘을 빼야 호흡으로 몸을 조절하고 좋은 소리를 얻을 수 있어요."

뒤늦게 깨달음을 얻었다고 할 수 있다. 그가 적지 않은 나이에도 여전히 왕성하게 노래할 수 있는 것은 힘을 뺄 줄 알기 때문이라 생각된다. 김종서에게 '힘 빼기'란 노래에 그치지 않는다. 인간관계에서도 힘 빼기를 실천한 결과 효과를 본 것으로 알려졌다. 20~30대 젊은 시절 그는 동료들과 불협화음이 잦았다. 직장이라 할 밴드를 수시로 드나든 이유는 그 때문인지도 모른다. 연륜이 쌓인 덕도 있겠지만 지금은 아주 원만한 편이라고 한다.

이처럼 일상에서 힘 빼기는 더없이 중요하다. 음악뿐만 아니라 스포츠에도 힘 빼기가 필수다. 순간적인 힘을 내기 위해서는 무조건 힘을 빼야 한다. 골프가 대표적이다. 골프 연습장에 가면 힘 빼라는 말을 수없이 듣는다. 힘 빼는 데 3년 걸린다는 말이 있을 정도다. 일정 수준 실력을 갖추려면 힘은 반드시 빼야 한다.

좋은 인간관계를 맺는 데도 힘 빼기는 거의 필수다. 생각이나 말, 행동에 잔뜩 힘이 들어가 있는 사람을 좋아할 리 없다. 대인관계에서 이기려는 것, 잘난 체하는 것, 능력 과시하는 것, 인정받으려는 것, 자랑하는 것은 모두 힘에 해당한다. 이런 것 잔뜩 넣고 다니는 사람은 어느 조직, 어떤 모임에서도 환영받기 어렵다. 정도가 심하면 외톨이가 되기 십상이다.

김종서는 어느 인터뷰에서 향후 활동 계획을 묻자 이런 대답을 내놓았다. "제 좌우명이 '힘을 빼자' 잖아요. 계획을 너무 거창하게, 확고하게 세워두면 괜히 힘들어가고 부담되잖아요. 스텝 바이 스텝, 힘 빼고 자연스럽게 하려고요."

깨달음을 얻은 게 분명해 보인다. 누구나 이런 마음으로 살면 인간관계 원만하고, 세상이 아름답게 보일 것이다.

알면 사랑한다 ──────

경쟁할 것이 아니라 공생해야 이긴다는 확신

- 최재천(생물학자)

타잔을 유달리 좋아했던 소년이 생물학 교수가 되어 파나마에서 연구할 때의 일이다. 그곳 열대연구소에서 식사를 하고 있는데, 다들 무서워하는 전갈 한 마리가 발 근처로 다가오길래 작은 고깃덩어리를 던져 주었다. 전갈을 볼 때마다 음식을 던져 주곤 했더니 아예 식탁 위로 기어올라와 가끔씩 밀어 주는 음식을 먹기 시작했다. 미국에서 온 여학생이 그 모습을 보고 기겁을 했다. 비명을 지르면서 "동양 놈이어서 식사 예절이 없다"며 욕까지 했다.

그러던 어느 날 식당에 갔는데, 그 여학생이 바닥에 배를 깔고 엎드린 채 작은 꼬챙이에 끼운 고깃덩어리를 전갈에게 먹이고 있는 게 아닌가. 여학생은 교수에게 신기하다며, 제발 좀 보라고 재촉했다. "교수님, 전갈이 너무너무 신기해요. 이 녀석이 사람처럼 새끼를 등에 업고 있어요. 모성애가 대단해 보여요. 정말 사랑스러워요."

서울대와 이화여대 교수, 국립생태원장을 지낸 생물학자 최재천(1954~)이 경험한 이야기다. 그는 우리가 각종 생명체에 대해 정확히 모르기 때문에 두려워하거나 미워한다는 사실을 미국 여학생을 통해 순간 깨달았다고 한다. 그리고 어떤 생명체든 진면목을 알게 되면 얼마든지 사랑할 수 있다는 생각에 이르렀다. '알면 사랑한다'를 좌우명으로 삼은 것은 이 무렵이다.

최재천은 앎의 다음 단계는 공감과 공생이라고 말한다. 그가 인간의 학명을 호모 심비우스(Homo symbious), 즉 '공생하는 인간'으로 바꿔야 한다고 주장하는 이유다. 누구나 경쟁에서 이기기 위해서는 다른 사람과 손잡아야 한다는 것이다. 행복을 얻기 위해서도 마찬가지라 한다. 그는 자연계에서 이 진리를 터득했다고 말한다.

최재천에 따르면, 자연계 생물들에게 경쟁은 피할 수 없지만 무조건 남을 제거하는 것이 경쟁에서 이기는 유일한 방법은 아니다. 자연계를 보면, 전면적인 경쟁을 통해 살아남은 생물보다 일찌감치 더불어 사는 지혜를 터득한 생물이 우리 곁에 훨씬 더 많이 존재한다는 사실을 주목하라고 말한다.

현재 지구 생태계에서 전체 무게가 가장 많이 나가는 생물은 꽃을 피우는 현화식물이다. 또 개체수 면에서 가장 성공한 생물 집단은 단연 곤충이다. 그런데 식물과 곤충은 철저히 공생하는 생물이다. 곤충은 다른 곳으로 움직일 수 없는 식물을 위해 꽃가

삶이 너에게 레몬을 줄 때

루를 대신 날라주고, 그 대가로 꿀을 얻는다.

인간관계도 자연계와 다르지 않다. 최재천은 앎을 통해 사랑을 표현하고, 사랑을 통해 더불어 사는 방법을 터득하면 누구나 이길 수 있다는 진리를 전한다. 우리가 이 진리를 안다면 무한경쟁에 휘말려 허덕일 필요가 없지 않겠는가?

요즘 과학이나 의학 분야 노벨상 수상자를 보면 상당수가 '공동 수상'이다. 혼자서는 세계 최고가 되기 어렵다는 이야기다. 국적이나 거주지와 관계없이 공동으로 연구해야 최고의 성과를 낼 수 있다는 말이기도 하다. 넬슨 만델라가 즐겨 인용했던 아프리카 격언 '빨리 가려면 혼자 가고 멀리 가려면 함께 가라'라는 말이 시사하는 바는 매우 크다. 이것이 공존 그리고 공생의 힘이다.

주변을 살펴보자. 왠지 낯설고 서먹하게 느껴지는 사람, 자꾸 미운 마음이 드는 사람이 있다면 그 사람의 본모습이 뭔지 살펴보는 게 어떨까. 세상에 바탕부터 나쁜 사람은 거의 없다. 누구나 사귈 만한 가치가 있다.

내가 좋은 사람이 되어
좋은 사람이 내게 오도록 하자 ─────

유유상종의 이치를 깨달은 젊은 가인의 결심

-송가인(트로트 가수)

'트로트 여제' 송가인(1986~)의 본명은 조은심이다. 송가인은 예명. 송은 어머니 성에서 가져왔고, 가인은 노래하는 사람(歌人)과 아름다운 사람(佳人) 두 가지 뜻을 지녔다. 가수로 성공하되 아름답고 좋은 사람이 되고 싶다는 꿈을 담았다.

스스로가 선택한 인생 좌우명에서 그녀의 속 깊은 마음을 읽을 수 있다. '내가 좋은 사람이 되어 좋은 사람이 내게 오도록 하자.' 힘들여 좋은 사람 찾아다닐 필요 없이, 내가 먼저 좋은 사람이 되면 좋은 사람들이 제 발로 찾아올 것이란 생각이 담긴 글귀다. 유유상종의 의미, 즉 사람은 같거나 비슷한 부류끼리 잘 어울린다는 세상 이치를 일찌감치 깨달았음을 말해준다.

송가인은 이미 크게 성공했고, 좋은 사람이 되고자 무척 노력하는 모습을 보여준다. 23세 때 국악인에서 대중가수로 전환한 그녀는 8년 가까이 고달픈 무명생활을 해야 했다. 하지만 서른 문턱에 어느 트로트 경연 프로그램에 출연해 당당히 우승함으로써 인생 꽃길을 열었다.

스타가 되었지만 그녀는 소탈하고 겸손한 예전 모습을 그대로 유지하고 있다. 바쁜 공연 일정에 아무리 피곤해도 무대에서는 다른 어떤 가수보다 밝고 예의 바른 모습을 보인다. 기부를 생활화하고 있고, 각종 자선행사에도 열심이다. 그래서 나이와 성별, 지역에 상관없이 골고루 많은 팬을 확보하고 있다. 안티가 거의 없는 이유이기도 하다.

송가인의 좌우명에는 큰 가르침이 깃들어 있다. 주변에 좋은 사람 없다고 한탄하는 사람들에게 간단명료한 해답을 준다. 좋은 사람을 사귀고 싶어 하면서도 자신은 좋은 사람이 되고자 전혀 노력하지 않는 사람들에게 하는 말로 들린다.

자신이 좋은 사람이면 가만히 있어도 좋은 사람들이 찾아오게 되어 있다. 반대로 자신이 좋은 사람이 아니면 좋은 사람들이 곁에 있다가도 떠나가 버린다. 스스로 좋은 사람이 되고자 애써 노력하지 않으면 안 된다.

좋은 사람이란 어떤 사람일까? 생각하기 나름이겠지만 대략 다음 몇 가지로 요약할 수 있다. 만나면 내가 즐겁고 행복한 사람, 알고 지내면 내게 유익한 사람, 덕을 갖추고 있어 정서적으로 나와 깊이 교감할 수 있는 사람. 이는 고대 그리스 철학자 아리스토텔레스가 제시한 우정의 조건이기도 하다. 이런 사람이라면 누구에게나 호감을 살 수 있다. 가만히 있어도 좋은 사람들이 경쟁적으로 접근해 올 것이다.

꼭 집어 '좋은 사람'에만 해당하는 이야기가 아니다. 내가 사귀고 싶은 유형의 사람이 있다면 먼저 내가 그런 사람이 되는 것이 효율적이다. 매력적인 사람을 사귀고 싶다면 내가 먼저 매력적인 사람이 되고, 지적인 사람을 만나고 싶다면 내가 먼저 지적인 사람이 되고, 착한 사람을 가까이하고 싶다면 내가 먼저 착한 사람이 되고, 잘 웃는 사람과 친해지고 싶다면 내가 먼저 잘 웃는 사람이 되어야 한다.

사람의 됨됨이를 파악하려면 그 사람의 친구를 보면 된다는 말이 있다. 친구야말로 '끼리끼리 만남'의 대표적인 관계이기 때문이다. 친한 친구끼리는 인격이나 품성, 지식이나 지혜, 취미나 특기가 비슷할 가능성이 크다. 결혼을 앞두고 배우자 될 사람의 친구들을 꼭 만나보라고 한다. 친구는 서로를 비추는 거울이다.

존중, 겸손, 평정심 ————

가슴 따뜻한 축구 천재의 세 가지 이정표

–킬리안 음바페(프랑스의 축구선수)

2018년 10월 미국 시사주간지 〈타임〉은 축구선수 킬리안 음바페(1998~)를 표지 모델로 내세웠다. 표지 제목은 '겸손한 축구 천재.'

축구선수가 〈타임〉 표지에 등장하는 것은 희귀한 일이다. 더구나 10대 선수로는 처음이었다. 직전 러시아 월드컵에서 프랑스를 우승으로 이끌어 세계적으로 주목받은 덕분이었다. 〈타임〉은 그를 리오넬 메시, 크리스티아누 호날두 시대를 이을 차세대 축구 리더로 묘사했다.

음바페는 카메룬 출신 축구선수 아버지와 알제리 출신 핸드볼선수 어머니를 둔 아프리카 이민자 가정 2세다. 저소득층 이민자가 모여 사는 파리 외곽 봉디에서 유소년 축구클럽에 다니며 축구선수의 꿈을 키웠다.

그는 2016~2017 유럽 챔피언스리그에서 네 경기 연속 골을 넣으며 화려하게 등장했다. 러시아 월드컵 결승전에서는 골까지 넣었다. 10대 선수가 월드컵 결승전에서 골을 넣은 것은 펠레 이후 처음이다.

당시 〈타임〉은 그의 인간성에 주목했다. 겸손하

고 가슴 따뜻한 천재라고 칭찬했다. 음바페는 인터뷰에서 자신의 축구 인생을 이끌어줄 좌우명이 '존중, 겸손, 평정심'이라고 밝혔다. 세계적인 스타 선수들이 모두 겸손하고 사람들을 존중한다며 자신도 그런 선수가 되고 싶다고 했다.

〈타임〉 보도 이후에도 그는 승승장구했다. 2022년 카타르 월드컵에서 프랑스의 준우승을 이끌기도 했으며, 현재 전 세계에서 몸값이 가장 비싼 공격수에 속한다. 아직 20대 중반이어서 당분간 전성기가 이어질 것으로 예상된다.

몸값이 수천억 원인 음바페는 소속팀 이적 문제로 논란을 불러일으키긴 했지만, 여전히 겸손하고 가슴 따뜻한 선수의 이미지를 갖고 있다. 온화한 표정, 조용한 웃음이 축구 팬들의 마음을 편안하게 해준다. 또 어린이 자선단체 등을 통해 엄청난 액수의 기부를 실천하고 있다. 그래서 프랑스인이 좋아하는 스포츠선수 상위에 꾸준히 이름을 올린다.

누구나 명성이 높아지면 교만해지는 경향이 있다. 자기가 얻은 돈과 권력, 명예에 취해 스스로를 치켜세우고 남을 무시하는 사람 말이다. 타인에 대한 존중과 배려는 안중에도 없다. 벼락출세를 한 사람에게 그런 경향이 있다. 이런 사람은 한순간에 세상 사람들에게 외면당할 수도 있다.

속담에 벼이삭은 익을수록 고개를 숙이고, 포도 송이는 무거울수록 아래로 처진다고 했다. 잘난 사람 못난 사람, 높은 사람 낮은 사람, 나이 많은 사람 젊은 사람 가릴 것 없이, 누구나 고개 숙이는 겸손을 실천해야 한다. 벤저민 프랭클린의 가르침이 들리는 듯하다. "겸손은 윗사람에게는 의무, 동등한 사람에게는 예의, 아랫사람에게는 기품이다."

매사에 자신을 낮추는 겸손한 태도는 주변 사람들로부터 호감을 살 수 있는 최고의 덕목이다. 그것은 따뜻한 사랑이기 때문이다. 겸손한 사람에게 좋은 사람들이 모여드는 이유다.

반면 교만한 사람은 누구에게나 밉상이다. 자기가 우월하다는 생각에 주변 사람을 무시하거나 깔보기 십상이다. 이런 사람 좋아할 이 세상에 없다. 도움될까 싶어 친한 척하다가도 언제 떠나가 버릴지 모른다. 외로움을 자초하는 행동이다.

겸손에 대한 유명한 성경 구절이 있다. "누구든지 자신을 높이는 이는 낮아지고 자신을 낮추는 이는 높아질 것이다."

친구 사이에도 거리가 필요하다 ———

지나친 친밀함을 경계했던 정치가의 선견지명

-샤를 드골(프랑스의 전 대통령)

심리학에 '고슴도치 딜레마'란 용어가 있다. 인간관계에서 누군가와 얼마나 가까이해야 좋을지 고민하는 심리 상태를 말한다. 독일 철학자 아르투어 쇼펜하우어의 저서에 등장하는 고슴도치 우화에서 유래했다.

추운 겨울, 고슴도치 몇 마리가 온기를 찾아 몸을 바짝 붙인다. 하지만 몸에 돋아난 날카로운 가시가 서로를 찌르는 바람에 떨어지지 않으면 안 된다. 냉기가 느껴지면 다시 몸을 붙인다. 고슴도치들은 붙었다 떨어지기를 반복하다가 결국 멀지도 가깝지도 않게 적정한 거리를 유지하게 된다. 실제로 고슴도치는 가시가 없는 얼굴만 맞대고 잠을 자거나 체온을 유지한다.

이에 착안해 심리학자들은 좋은 인간관계를 위해서는 심리적으로 일정한 거리를 두는 게 나쁘지 않다는 사실을 밝혀냈다. 이를 일찌감치 깨닫고 현실에 잘 활용한 사람이 있다. 제2차 세계대전 후 대통령이 되어 '강한 프랑스'를 건설하는 데 기여한 샤를 드골(1890~1970). 그의 좌우명은 '적당한 거리를 유지하자'였다. 군인 출신으로 장관과 총리를 거쳐 대통령까지 지냈으니 얼마나 많은 사람을 만났겠는가? 하지만 그는 절제된 인간관계를 중시했다.

드골은 "하인의 눈에는 영웅이 보이지 않는다"라고 말한 바 있다. 어떤 사람의 본모습을 파악하려면 어느 정도 심리적 거리를 둬야 한다는 의미로 들린다. 그는 누군가를 밉다고 특별히 멀리하거나 좋다고 한없이 가까이하는 것을 경계했다. 10년 동안 대통령직을 수행하며 2년 이상 함께 일한 사람이 단한 명도 없다고 한다.

드골의 이런 인사 정책은 실세 측근의 권력형 부정부패를 막고, 새롭게 충원되는 인재로부터 참신한 정책 아이디어를 끌어내기 위해서였다. 이는 정치적 반대파를 포용하는 데도 많은 도움이 되었다. 드골은 다른 대통령들과 달리 여자관계도 비교적 깨끗했다. 그가 국민들로부터 전후 가장 존경받는 대통령으로 자리매김한 이유라고 할 수 있다.

인간관계에서 '거리'는 참 중요하다. 고민거리이기도 하다. 부부관계, 연인관계, 부모와 자녀 그리고 형제와 자매의 관계, 친구관계에서 친밀감은 당연히 클수록 좋다. 냉랭하기보다 따뜻해야 행복하다. 다정한 눈길, 배려하는 마음은 관계를 돈독히 하는데 반드시 필요하다.

하지만 지나친 친밀감으로 인해 서로 상처를 주고받게 되고, 갑자기 관계가 악화되는 경우를 자주 본다. 친하다는 이유로 말과 행동을 함부로 하기 때문이다. 상대방에게 큰 기대를 했다가 실망하는 경우도 마찬가지다. 같은 방 쓰는 부부 사이에, 피를 나눈 부모자녀 사이에도 이런 경우가 흔하게 일어난다는 사실은 많은 점을 시사한다.

이런 불행을 막을 수 있는 유일한 방법은 예의 지키기다. 어쩌면 예의범절이 이 목적으로 생겼는지도 모른다. 사랑하되 예의를 지키며 서로 존중하면 불화가 생길 리 없다. 두 소나무가 함께 높이 자라려면 반드시 일정한 거리를 둬야 하는 것과 같은 이치다. 친한 사람에게 관심을 갖되 지나치게 간섭하면 안 된다는 말도 같은 맥락이다.

사실 친구나 직장동료는 아무리 친하더라도 한번 등돌리면 남보다 못한 사이가 될 수 있다. 그런 관계임을 안다면, 처음부터 적절히 심리적 거리를 두고 예의를 지키는 것이 중요하다. 특별히 좋은 친구를 많이 둔 사람보다 특별히 싫은 사람이 적은 이가 더 행복하지 않을까? 고슴도치에게서 적당한 거리두기의 중요성을 배우게 된다.

삶이 너에게 레몬을 줄 때

귀는 열고 입은 닫아라 ──────

석유왕의 최고 성공 전략은 바로 경청

─존 데이비슨 록펠러(미국의 사업가)

'강철왕'으로 불렸던 미국 사업가 앤드루 카네기. 어느 모임에 갔다가 한 탐험가와 나란히 앉게 되었다. 탐험가는 무려 2시간 동안 자신의 경험과 이력을 열정적으로 이야기했고, 카네기는 가만히 듣기만 했다. 탐험가는 말을 마치면서 "탐험에 대한 선생님의 탁월한 식견과 지혜에 경의를 표합니다"라고 했다. 무슨 의미일까?

그날 카네기는 탐험에 대해 아는 것이 없었기에 자기 의견을 단 한마디도 밝히지 않았다. 진지하게 들어주기만 했다. 그 모습에 탐험가는 감동한 것이다. 이처럼 카네기는 유난히 남의 말 들어주기를 좋아했다. 카네기 연구자들은 그의 경청 습관이 사업에 큰 도움이 되었다고 분석한다.

물리학자 알베르트 아인슈타인도 경청을 중시했다. 그는 말 많은 사람을 싫어했다. 제자들이 과학자로 성공하려면 어떻게 해야 하느냐고 물으면 "입은 적게 움직이고 머리를 많이 움직여야 한다"라고 조언했다 한다. 자신도 질문한 뒤 귀 기울여 듣는 것을 좋아했다. 그 덕에 교제의 폭이 아주 넓었다.

카네기와 같은 시대를 살았던 '석유왕' 존 데이비슨 록펠러(1839~1937) 역시 경청을 중시하고 이를 애써 실천했다. 그는 '귀는 열고 입은 닫아라'를 평생 좌우명으로 삼았다. 집중력과 절제를 중시하고, 경청을 성공의 제1조건이라 믿었다.

그는 어려서부터 다른 사람들이 흥분하거나 동요할 때 오히려 침착해지는 습관이 있었다. 나이 들어서는 자기 생각을 적극적으로 나타내기보다 남의 의견을 듣기 좋아했다. 듣고는 고개를 끄덕이는 습관도 있었다. 삶의 지혜가 됐든 사업 아이디어가 됐든 경청은 그의 인생에 큰 도움이 됐다고 한다.

경청은 동서고금의 현자, 성공한 사람들이 입을 모아 강조하는 덕목이다. 관련 속담이나 격언, 명언이 수도 없이 많다. 그만큼 중요하다는 뜻이다. '귀는 열고 입은 닫아라'라는 말, 변치 않는 진리이지만 실천하기는 참 어렵다. 그것이 잘 되지 않음을 매일같이 경험하고 반성하지만 좀처럼 고쳐지지 않는다.

그래도 고쳐야 한다. 일상에서 말을 재미있게 적절히 많이 하는 것은 당연히 괜찮다. 하지만 남의 말은 듣지 않고 자기 말을 너무 많이 하면 잃는 것이 많다. 가장 큰 손실은 사람이다. 말 많은 사람의 말은 대부분 상대방을 가르치려 들거나 자기 자랑하는 내용일 가능성이 높다. 이는 언어 폭력과 다르지 않다. 이런 것 좋아하는 사람 세상에 없다. 계속되면 어느새 곁을 떠나버린다.

반대로 남의 말을 진지하게 들어주면 공짜로 마음을 살 수 있다. 자신의 지식이나 경험을 성의 있게 들어주는 것 싫어할 사람 또한 세상에 없기 때문이다. 남이 말할 땐 공감을 표시하는 게 중요하다. 그의 말을 인정하거나 칭찬하면서 추가로 질문까지 하면 더욱 효과적이다.

대화할 때 말하기와 듣기 비율을 어느 정도로 하면 좋을까? 정답은 없다. 대화하는 상대에 따라, 상황에 따라, 주제에 따라 다를 수 있다. 분명한 것은 될 수 있는 한 말하기 비율이 낮을수록 좋다는 사실이다.

이 문제에서 가장 유의해야 할 사람은 노인이다. 젊은 사람 만나는 노인은 대부분 말이 많다. 그런 노인은 젊은 사람에게 십중팔구 밉상이다. 노인이 외로운 가장 큰 이유는 말이 많기 때문인지도 모른다. 입은 닫고 지갑을 열어야 곁에 사람이 다가온다.

말은 부드럽게 하되
큰 몽둥이를 들고 다녀라 ─────

강온 양면을 모두 갖추라는 아프리카 속담

-시어도어 루스벨트(미국의 제26대 대통령)

1880년 3월 26일, 미국 하버드대학교에서 졸업생 건강검진 행사가 열렸다. 의사가 체격이 다부진 어느 학생에게 심장이 약하다는 진단을 내렸다. 그리고 이렇게 조언했다.

"앞으로 격렬한 운동을 해서는 안 돼. 술과 담배는 당연히 안 되고, 스트레스 많은 직업을 가져서도 안 돼. 항상 조심조심해서 살지 않으면 장수하기 어렵다는 것을 명심해야 하네."

이에 학생은 빙긋이 웃으면서 이렇게 대답했다. "선생님 말씀은 고맙지만 저는 절대로 조심조심하며 살 생각이 없습니다. 그렇게 해서 장수하면 뭐합니까? 죽을 때 후회하지 않도록 하고 싶은 일은 하나도 빠짐없이 다할 생각입니다."

20세기 초, 미국이 세계 최강국으로 발전하는 데 기여한 시어도어 루스벨트(1858~1919)의 이야기다. 실제로 그는 의사에게 말했던 자세로 인생을 살았다. 태어날 때부터 심장이 약했으나 운동으로 상당 부분 극복했으며, 적극적으로 삶을 개척했다. 그가 거쳐간 직업을 보면 카우보이, 농장주, 경찰관, 군인, 사냥꾼, 탐험가, 학자, 기자, 작가, 정치인 등 10개가 넘는다.

그는 어디를 가나 주인공이 되고자 했다. 그의 딸이 이렇게 회고한 적이 있다. "아버지는 장례식에 가면 시체가 되고, 결혼식에 가면 신부가 되고, 세례식에 가면 아기가 되고 싶어 하셨어요."

이토록 열정적인 삶을 산 루스벨트는 일찌감치 아프리카 속담 하나를 인생 좌우명으로 삼았다. "말은 부드럽게 하되 큰 몽둥이를 들고 다녀라, 그러면 성공할 것이다." 그는 지인들에게 이 말을 자주 들려주는가 하면 스스로 실천에 옮기기도 했다. 평소에는 말과 표정이 부드럽지만, 중요한 순간에는 날카로움을 유감없이 발휘했다.

그가 가슴에 새겼던 좌우명은 대통령 시절 외교 스타일로까지 발전했다. 그는 다른 국가들과 되도록 안정적인 관계를 유지하고자 했다. 그러나 강대국에 대해서는 엄정한 태도를 취했다. 강자에게 약한 모습을 보이면 순식간에 두들겨 맞을 수도 있기 때문에, 때로는 숨겨놓은 몽둥이를 꺼내 가차 없이 휘두르는 전략이었다. 유럽을 향한 힘의 외교는 성공했고, 8년간의 재임 기간 동안 국력을 크게 신장시켰다.

루스벨트의 좌우명은 일반적인 인간관계에서도 중요한 태도이다. 평소 남에게 부드러운 모습을 보이는 것은 두말할 필요 없이 바람직하다. 누구나 강한 모습을 보이면 상대가 방어적인 자세를 취하지만, 부드럽게 대하면 편안한 마음으로 무장해제하게 된다. 후자라야 쉽게 친해진다. 그래야 주변에 좋은 사람들이 모여든다.

하지만 부드러움이 지나쳐 남의 호구로 전락하는 것은 경계해야 한다. 상대방이 어떤 성품의 소유자인지 제대로 파악하지 못한 상태에서 무턱대고 배려하거나 대가 없이 친절을 베풀다가 큰코다치는 경우가 더러 있다.

인간관계에서 아니다 싶으면 'NO'라고 당당하게 말할 수 있어야 한다. 이리저리 끌려다니다가 결국 마음에 상처를 입는다면 자신만 불행하다. 그 정도까지 가면 정상적인 관계를 유지하기 어렵다. 나이 서른 넘은 사람에게 착하다는 평가는 때때로 욕일 수도 있다.

중요한 순간에는 자기 주장을 분명하게 밝혀야 존중받을 수 있다. 때론 적극적으로 몽둥이를 휘두를 줄도 알아야 한다. 최상의 선은 물과 같다(上善若水)고 하지만, 때에 따라서는 물보다 돌이 더 유익할 수도 있다.

삶이 너에게 레몬을 줄 때

남을 비판하거나 비난하지 말라 ————

천재 투자자의 인간관계 조언

-워렌 버핏(미국의 버크셔 해서웨이 회장)

"나이가 65세나 70세, 또는 그 이상 되었을 때, 나를 진정으로 좋아해줬으면 하는 사람들이 정말로 나를 좋아해준다면 인생에서 성공한 것이다."

'오마하의 현인'이라 불리는 미국의 천재 투자가 워렌 버핏(1930~)이 자주 하는 말이다. 돈이나 권력, 명예를 얻는 것도 성공이지만, 좋은 인간관계를 맺는 것 또한 성공이란 뜻이리라. 세계적인 부자가 하는 말이어서 울림이 더욱 크다. 어쩌면 그는 성공의 척도로 돈보다 인간관계가 더 중요하다는 생각을 갖고 있는지도 모른다.

원만한 인간관계는 성공 그 자체이기도 하지만 행복의 원천이기 때문에 더없이 중요하다. 철학자, 심리학자 등 행복 연구자들은 행복의 제1조건이 '관계'라는 데 의견 일치를 보인다. 일상에서 주변 사람들과의 관계가 삐걱거릴 경우 성공하기도, 행복하기도 힘든 게 사실이다.

버핏은 원만한 인간관계를 구축하는 데 남을 비판하거나 비난하지 않는 것보다 중요한 것은 없다고 말한다. 그가 '남을 비판하거나 비난하지 말라'를 좌우명으로 삼은 이유가 여기에 있다. 그는 데일 카네기가 쓴 《인간관계론》에서 이 좌우명을 가져왔다.

카네기는 이 책에서 사람을 다루는 기본방법으로 다음 세 가지를 제시했다.

1. 남을 비판하거나 비난하거나 불평하지 말라.
2. 솔직하게 진심으로 인정하고 칭찬하라.
3. 다른 사람에게 열렬한 욕구를 불러일으켜라.

부유하고 좋은 가문에서 태어난 버핏은 천재 소년이었다. 그러나 튀는 행동을 일삼았기 때문에 친구들과의 관계가 원만한 편은 아니었다. 사회성이 부족했던 것이다.

다행히 그는 남들과 좋은 관계를 맺지 못하면 성공하기 어렵다는 것을 일찍 깨달았다. 그 해법을 찾기 위해 카네기의 말에 귀를 기울였다. 덕분에 나이 들어서는 사람 사귀는 것을 무척 좋아했으며, 이런 성격은 투자 파트너십을 구축하는 데 큰 도움이 되었다.

버핏의 좌우명이 아니더라도, 카네기의 조언이 아니더라도, 좋은 인간관계를 맺으려면 남을 비판하거나 비난하지 말아야 한다. 세상에 자기를 비판하거나 비난하는 사람을 좋아하는 이는 거의 없다

삶이 너에게 레몬을 줄 때

고 보면 된다. 절대자 신도 비판을 가려서 한다. "하느님도 심판의 날이 오기 전까지는 인간을 심판하지 않는다." 영국 작가 새뮤얼 존슨이 한 말이다.

남을 비판하거나 비난하기 전에 차분히 자기 자신을 성찰해볼 필요가 있다. 자신에게 욕먹을 일, 비판받을 일이 없는지 꼼꼼히 살펴보는 것이 좋다. "자기에게는 가을 서리처럼 엄격해야 하고, 남에게는 봄바람처럼 부드럽게 대해야 한다."《채근담》에 나오는 말이다. 이 가르침을 따라 살면 누구든 공감과 배려, 사랑, 용서의 마음이 생길 것이다. '반듯한 사람'이란 평도 들을지 모른다. 반대로 살면 거꾸로 남의 비판이나 비난을 피하기 어려울 것이다.

설령 객관적으로 보아 비판하거나 비난할 일이 있다 해도, 다음 두 가지 질문에 답하는 연습을 해보자. "반드시 내가 비판해야 하는가?" "반드시 지금 비판해야 하는가?"

되도록 내가 하지 않고, 또 지금 당장 하지 않는 것이 좋다. 지금 내가 반드시 해야겠다는 판단이 서더라도 사랑의 마음, 사랑의 말씨, 사랑의 표정으로 하는 것이 좋겠다. 그렇게 해야 효과가 있고, 상대방에게 미움 사는 것을 피할 수 있다.

5

제 갈 길을 가라,

남이야 뭐라고 하든

"

네가 주인이다
홀로 살아가라
걸어가라 자유로운 길을
자유로운 영혼이
너를 이끄는 곳으로.

"

가장 개인적인 것이
가장 창의적인 것이다 ━━━━━━━

개성을 특별히 중시했던 선배 영화감독의 금언

–봉준호(영화감독)

2020년 2월 9일 밤 미국 LA 돌비 극장에서 열린 제92회 아카데미 영화상 시상식. 세계인의 이목이 집중된 자리에서 봉준호(1969~) 감독의 〈기생충〉이 작품상, 감독상, 각본상, 국제영화상 등 4관왕을 차지하는 기적을 연출했다. 봉준호는 떨리는 목소리로 수상 소감을 밝혔다.

"어렸을 때부터 제가 항상 가슴에 새겼던 말이 있는데, 영화 공부할 때…. '가장 개인적인 것이 가장 창의적인 것이다', 이 말을 하신 분이 누구냐 하면, 책에서 읽은 것이지만…. 이 말은 우리들의 거장, 마틴 스코세이지가 하신 말씀입니다."

극장엔 우레와 같은 박수가 터졌고, 참석자들은 모두 일어서서 78세 노 감독에게 존경의 뜻을 나타냈다. 스코세이지는 영화 역사상 가장 위대한 감독 중 한 명으로 꼽힌다. 그는 이날 봉준호와 더불어 감독상 경쟁을 벌였기에, 참석자들에게는 이 장면이 더욱 각별하게 다가왔을 것이다.

그의 막내딸 프란체스카는 이 장면에 감동한 나

머지 봉준호의 수상 사진을 자신의 인스타그램에 올렸다. 그리고 "아버지가 아카데미상을 받는 것보다 기립 박수 받는 게 더 좋았다"라고 적었다. 시상식이 끝나고 퇴장할 때 스코세이지는 봉준호에게 다가와 직접 쓴 편지를 건넸다. "진심으로 축하합니다. 우선 좀 쉬세요. 그러나 많이 쉬지는 마세요. 좋은 작품 계속 만들어야 하니까요."

봉준호가 가슴에 새겼다는 스코세이지의 말, 언젠가부터 그의 변함없는 인생 좌우명이다. 12세 때부터 영화감독의 꿈을 키워온 그에게 스코세이지는 우상이나 다름없다. 그는 왜 스코세이지를 좋아했을까? 아마도 개성과 창의력이 넘치면서도 소신 있는 영화 제작 태도에 끌렸기 때문 아닐까 싶다.

실제로 스코세이지가 위대한 감독으로 불리는 이유는 단순히 연출을 잘해서가 아니라 개성과 개인적인 비전이 담긴 작품을 많이 만들었기 때문이다. 할리우드의 물신 숭배 자본주의 풍조에 맞서 싸우며 자신만의 스타일을 지켜온 감독이기도 하다.

이런 면에서 봉준호도 스코세이지를 닮았다. 예술성과 오락성을 추구하면서도 동시에 독창성과 혁신을 중시하는 감독이다. 〈기생충〉 제작 과정을 살펴보면 잘 알 수 있다. 시나리오는 거의 다 봉준호가 썼다. 개인적 체험에서 비롯된 실제 상황을 탄탄한

스토리로 직접 엮어냈다. 한국 특유의 '반지하' 거주 가족을 통해 심화된 빈부격차, 집단 이기주의, 피폐해진 도덕성의 폐해를 적나라하게 드러냈다. 스토리 전개나 대사가 다분히 한국적인 것이어서 외국인들에게 공감을 사기 어려울 수 있다고 걱정했으나, 결과는 정반대였다.

가장 개인적인 것이 가장 창의적인 것이라는 말, 우리 일상에서도 곰곰이 새겨볼 만하다. 창의성은 여러 의견의 집합체가 아니라 개인적 영감의 결과물이다. 남들에게 다양한 의견을 구하는 것은 당연히 좋다. 그 가운데 기발한 아이디어를 발견할 수 있기 때문이다. 하지만 남의 의견에 휘둘리면 개성이나 창의성은 사라지고 만다.

창의성에 관한 한 개인은 집단에 결코 뒤지지 않는다. 창의적인 삶을 살려면 예술작품을 만들든, 집안 인테리어를 하든, 직장생활을 하든 개인의 독특한 생각이나 경험을 적극적으로 구현해야 한다. 여기서 중요한 것은 자신감이다. 자신감으로 무장해야 창의성이 힘을 발휘할 수 있다.

작은 찬사에 동요하지 말고
큰 비난에 아파하지 말자 ─────

남에게 휘둘리지 않고 주체적으로 살겠다는 다짐

─배두나(배우)

배우는 인기를 먹고사는 직업이다. 특별히 연기를 잘하거나 눈에 띄는 선행을 하면 엄청난 찬사를 받는다. 반대로 연기가 부족하거나 언행을 조금이라도 잘못하면 세찬 비난에 휩싸인다. 찬사는 한껏 즐기고 누리면 그만이지만 비난은 견뎌내기 쉽지 않다. 악플 공세에 맥없이 쓰러지는 배우가 생길 수밖에 없다.

이런 환경을 누구보다 당당하게 헤쳐 나가는 사람이 있다. 중견 여배우 배두나(1979~)는 갓 스무살에 데뷔해 영화 〈괴물〉 〈터널〉 〈브로커〉 등에서 열연한 덕분에 연기 실력이 탄탄하다는 평가를 받는다. 그럼에도 가끔 비난 악플에 시달리는 것은 피해 가기 어렵다. 아주 가끔이긴 해도 출연 작품의 흥행 실패 주범이란 오명을 쓰는가 하면, "불안 요소인 배두나를 초반에 죽여야 한다"는 댓글을 맞닥뜨리기도 한다.

하지만 배두나는 씩씩하다. 2019년 넷플릭스 사극 드라마 〈킹덤〉에 조선 의녀로 출연했을 때 연기

삶이 너에게 레몬을 줄 때

력 논란에 휩싸였으나, 전혀 속상해하지 않았다. 연예 전문기자의 물음에 20년 차 배우는 이렇게 답했다.

"연기에 대한 평가는 개인의 취향이라고 생각한다. 내가 논란 없이 좋은 평가를 받았을 때는 '그 정도로 잘하진 않았는데'라고 생각했다. 또 논란이 있을 때는 '그 정도로 못하진 않았는데'라고 생각한다. 지금 나는 '그래 나도 한번 당해봐야지'라는 생각이 들어서 마음이 편안하다."

어디서 이런 내공을 쌓았을까? 데뷔 무렵에 정했다는 인생 좌우명에서 답을 찾을 수 있을 것 같다. "작은 찬사에 동요하지 말고 큰 비난에 아파하지 말자." 별것 아닌 말 같지만, 고매한 인생철학이 담긴 좌우명이다. 주변 환경이나 타인의 섣부른 평가에 휘둘리지 말고 주체적인 삶을 살아야겠다는 다짐이자 각오이다.

연극배우인 어머니에게서 이런 인생관을 터득하지 않았을까. 그녀의 어머니는 배두나가 어릴 적부터 살이 찌지 않게 소식하는 습관과 바른 자세를 가르쳤다. 또 애써 예술작품을 보는 눈을 기르게 했다. 딸이 데뷔할 때는 기획사에 '내 20년 역작'이라고 소개했다 한다. 극성 엄마이긴 해도 딸에게 자신감과 자존감을 갖고 살아야 한다는 인식을 제대로 심어주었으리라 짐작된다.

누구나 이와 같은 좌우명을 가슴에 새기고 살면 마음에 평정심이 생겨 거친 인생길을 편하게 걸어 갈 수 있다. 잘됨에 쉽게 흥분하거나 못됨에 지나치 게 낙담하지 않는 삶, 어떤 일에도 일희일비하지 않 고 담담하게 받아들이는 삶은 평화롭다. 이런 사람 곁에는 좋은 사람들이 모여든다. 자기 마음에 평화 가 있기 때문에 주변 사람들의 마음에도 평화가 깃 든다. 그러니 대인관계가 원만할 수밖에 없다.

이런 인생관을 가진 사람은 시련을 당해도 어렵 지 않게 헤쳐 나갈 수 있다. 자신감과 자존감이 있기 에 좀처럼 흔들리지 않는다. 특히 세상의 시선을 크 게 의식하지 않기 때문에 마음의 상처를 받지 않는 다. 마음이 건강하기에 기회만 주어지면 금방 재기 할 수 있다.

배두나는 어느 영화제 시상식에 참석해 이런 인 사말을 남겼다. 여우주연상을 받고서다. "좌우명이 '작은 찬사에 동요하지 말고 큰 비난에 아파하지 말 자'이지만 오늘 이 상은 큰 찬사니까 오늘 밤까지만 이라도 이 기분 누려야지. 그리고 내일부터는 다시 잊고 나 자신으로 돌아가야지."

항상 지금 이 순간이 가장 중요하다 ——————

'나의 유일한 경쟁자는 어제의 나'라고 말하는 발레리나
–강수진(국립발레단 단장)

강수진(1967~)이 독일 슈투트가르트 발레단의 수석무용수로 활동할 때, 상처투성이 발이 언론에 공개된 적이 있다. 사람들은 안쓰러움과 함께 그녀의 엄청난 열정에 경의를 표했다. 모두가 부러워하는 화려한 무대 뒤에는 인고의 노력이 숨어 있다는 사실을 새삼 깨닫게 했다.

강수진은 세계 최고의 발레리나였다. 어린 시절 모나코 유학길에 오른 그녀는 얼마 지나지 않아 스위스 로잔 발레 콩쿠르에서 입상하는 등 두각을 나타냈으며, 세계 최정상급 발레단인 슈투트가르트에 최연소로 입단해 주위를 깜짝 놀라게 했다.

그녀는 작품을 끊임없이 새롭게 해석하고, 발레 동작 하나하나에 감정과 스토리를 싣는 독특한 능력을 갖췄다는 평가를 받았다. 1997년에는 한국인 최초로 무용계의 아카데미상으로 불리는 '브누아 드 라 당스(Benois de la Danse)'를 수상하며 노력의 결과를 보여주었다.

이런 영광은 상상하기 힘들 정도의 강도 높은 연습이 있었기에 가능했다. 유학생 시절은 말할 것도

세 갈 길을 가라, 남이야 뭐라고 하든

없고, 전속 발레리나로 활동하면서도 언제나 '가장 연습을 많이 하는 사람'이었다. 하루 평균 18시간씩 연습할 때도 있었다고 하며, 슬럼프에 빠졌을 때도 연습이 유일한 탈출구였다고 한다.

이렇게 멈출 줄 모르는 열정이 어디서 나왔을까? 인생 좌우명을 보면 짐작이 간다. '항상 지금 이 순간이 가장 중요하다.' 그녀는 자기 좌우명을 이렇게 설명한다. "오늘 눈을 뜨면 어제 살았던 나보다 더 가슴 벅차고 열정적인 하루를 살려고 노력한다. 연습실에 들어서며 어제 했던 연습보다 더 강도 높은 연습을 단 한 번, 단 1분이라도 더 하기로 마음먹는다. 어제를 넘어서는 오늘을 사는 것, 이것이 내 삶의 좌우명이다."

그래서 강수진은 "나의 유일한 경쟁자는 어제의 나"라고 말한다. 비록 오늘 대단한 성취를 이루지 못한다 해도 어제보다 조금이라도 나은 하루를 산다면, 또 그 하루에 만족할 수 있다면 그것이 바로 진화이자 발전이라고 생각한다는 것이다. 그런 조금의 차이가 모여 큰 발전을 이뤄낸다고 했다.

현재 강수진은 국립발레단 단장 겸 예술감독을 맡고 있다. 3년 임기를 네 번째 연임 중이다. 그녀에게 모든 것을 맡긴 결과 국립발레단은 세계 최상위 수준으로 발전했다는 평가를 받는다. 지금도 그녀는 연일 좌우명을 되새기며 단원들과 함께 땀 흘리며 연습을 한다.

그렇다. 자신을 연마하는 데 오늘만큼 중요한 것은 없다. 어제는 되돌릴 수 없는 과거일 뿐이다. 어제 연습이나 공부를 제대로 하지 못했다고 후회한들 아무 소용이 없다. 내일 더 열심히 하겠다고 다짐하지만 내일이 되어봐야 안다. 내일 무슨 일이 생길지 알 수 없다. 내일 일은 내일에 맡기면 된다.

더없이 중요한 것은 역시 오늘이다. 거창하게 생각할 것 없다. 오늘 지금 이 순간 최선을 다하면 된다. 당장은 사소해 보이지만 그것이 하나하나 쌓여 커다란 성과가 될 수 있다. 어제 타령, 내일 타령은 이제 그만두자.

스위스의 인생철학 사상가 카를 힐티의 지적을 음미하며 오로지 오늘에 집중하자. "오늘의 식사는 내일로 미루지 않으면서 오늘 할 일은 내일로 미루는 사람이 많다."

강수진은 어느 인터뷰에서 평소 가장 듣고 싶은 찬사가 무엇이냐는 물음에 이렇게 이야기했다. "보잘것없는 하루하루를 반복해 대단한 하루하루를 만들어낸 사람." 참으로 멋진 답변이다.

나는 나의 삶을 살겠다 ―――――――――

주체적 삶으로 행복을 추구한 지식인의 각오

-허균(조선 중기 문신)

최초의 한글소설《홍길동전》의 저자 허균(1569~
1618). 그는 명나라 사신을 영접하는 종사관이 되어
폭넓은 지식과 뛰어난 글재주로 명성을 떨쳤다. 이
때 누나 허난설헌의 시를 사신에게 보여주며 명나
라에서 출간하도록 도왔다. 난설헌 시집은 명나라
에서 '이백을 뒤로 물러나게 한다(고금야사)'라는 말
이 나올 정도로 극찬을 받았다. 허균은 조선 문화를
중국에 알린 공로로 삼척부사가 되었다.

하지만 부임한 지 불과13일 만에 탄핵을 받아
파면된다. 불교를 숭상한다는 죄목이었다. 불교 경
전을 읽은 적은 있지만 심취한 것은 아니라고 해명
했지만 소용없는 일이었다. 파면 소식을 듣고 그는
시 한 수로 분노를 삭였다. "그대는 그대의 법을 따
르라. 나는 나의 삶을 살겠다." 그의 좌우명에 해당
하는 시의 한 구절이다. 그는 이런 마음가짐으로 평
생을 살았다.

허균은 영혼이 자유로운 사람이었다. 엄격한 규
율을 요구하는 유교 사회에 살았지만 사상의 폭이
무척 넓었다. 유교를 존중하면서도 불교와 도교에

관심이 많았다. 명나라에 사신으로 갔을 때는 천주교 서적을 가져오기도 했다.

신분을 따지지 않고 승려, 서얼, 천민들과 스스럼없이 어울렸다. 기생들과 교류하며 우정을 나누기도 했다. 이런 행적이 문제가 되어 관직에서 네 번이나 파면을 당했다. 명문가 출신인데다 학문과 재능이 뛰어나 시류에 적절히 편승하면 크게 출세할 수 있었지만, 그는 관심이 없는 듯했다. 결국 역모에 휩싸여 죽임을 당하고 만다.

조선 건국에 주도적 역할을 한 정도전을 유달리 존경한 점과 《홍길동전》을 저술한 점으로 미루어 허균은 혁명가적 기질을 갖고 살았음이 분명하다. 당시엔 금기나 다름없었던 적서차별 철폐를 공공연하게 주장하기도 했다.

우리는 허균에게서 주체적인 삶의 진면목을 본다. 그는 세상이 바람직하다고 가르치는 관점에서 벗어나 자신의 눈으로 세상을 관찰하고자 했다. 삶의 태도 하나하나가 그랬다. 〈통곡헌기〉라는 글에서 그는 "나는 세상이 좋아하는 것과 반대로 행하는 사람이다"라고 밝힌 바 있다. 세상의 바람과 반대의 길을 가는 게 그리 나쁘지 않다고 생각한 것이다. 당시 사람들이 그를 이단아, 괴물이라고 평가한 이유가 여기에 있다고 짐작된다.

현실에서 허균처럼 살기는 쉽지 않다. 크고 넓은 길을 두고 굳이 자갈길을 걷고자 하는 사람처럼 여겨진다. 하지만 허균처럼 자기 삶에 부끄러움 없이 소신껏 사는 것은 멋지고 아름답다. 남이 무슨 소리를 하든 꿋꿋이 자기 정체성을 지키며 당당하게 사는 것만큼 행복한 인생이 어디 있겠는가. 세상이 친 울타리에 갇히지 않는 삶은 누구에게나 부러움의 대상이다.

프랑스 철학자 자크 라캉은 "인간은 타자의 욕망을 욕망한다"라고 했다. 진정 자신이 하고 싶은 것이 아니라 세상 사람들이 하고 싶은 것을 바라는 어리석은 현대인의 심리를 꼬집는 말이다. 합리주의 문화에 익숙한 서양인이 이러한데, 체면 문화에 길들여진 우리는 과연 어떨까?

삶의 가치 기준을 되도록 자기 자신에게 두고 주인공으로 살아야 행복하다. 어릴 때는 부모 뜻을 따르더라도, 성인이 되어서까지 자기 뜻을 세우지 못하면 성공도 행복도 기대하기 어렵다. 남의 욕망이 아니라 자신의 욕망을 욕망해야 한다. 주체적인 삶은 행복의 제1요건이다.

남을 보기보다 나 자신을 보리라 ─────

시골 천재소년의 당돌한 인생독립 선언

-위백규(조선시대 재야 실학자)

예나 지금이나 부모가 자녀를 교육하며 자주 하는 말이 있다. "남 보기에 부끄럽지 않게 살아야 한다." "남들이 뭐라고 말할지 모르겠구나."

훌륭한 사람이 되려면 남의 시선, 남의 평가를 의식하며 살지 않으면 안 된다는 말이다. 인간이 사회적 동물이기 때문에 남을 의식하며 살아야 하는 것은 당연하다. 때문에 부모의 이런 가르침은 아무런 잘못이 없다.

문제는 그 정도가 심한 경우다. 자신의 존재 의의나 삶의 목표를 무시한 채 오로지 남의 생각이나 희망에 따라 움직이는 것은 불행의 씨앗이 될 수 있다. 예를 들어 자기가 하고 싶은 일은 따로 있는데 집안의 바람으로 적성에도 안 맞는 일을 억지로 하는 경우가 그렇다. 이런 모습은 진학을 앞둔 청소년뿐만 아니라 성인에게서도 종종 발견된다.

조선 후기 전라도 장흥에 '인생독립'을 선언한 소년이 있었다. 재야 실학자 위백규(1727~1798). 그는 6세 때 글을 짓고, 8세 때 주역을 공부하고, 9세 때 시를 짓기 시작한 천재였다. 소년이 12세가 되었을 때 자기 좌우명이라면서 벽에 이런 문장을 하나 내걸었다. "남을 보기보다 나 자신을 보고, 남한테 듣기보다 나 자신에게 들으리라."

그가 이런 글을 써 붙인 구체적인 이유는 전해진 바 없다. 하지만 천재소년이 주변으로부터 스트레스를 많이 받았기 때문 아닐까 짐작된다. 아들 귀한 집안의 장남으로 태어나 특별히 뛰어난 재능을 보였으니 기대가 컸을 것이다. 앞으로 무슨 공부를 어떻게 하라는 둥, 장래에 어떤 사람이 되라는 둥 어른들의 참견과 간섭이 엄청 많았을 것이다.

위백규는 성리학만 익힌 게 아니라 천문, 지리, 복서, 율력, 병법, 의약, 관상학, 기술 등 다방면으로 공부해 많은 저서를 남겼다. 그가 쓴 《환영지》는 우리나라 최초의 세계지리서 겸 팔도지리서이며, 《정현신보》는 당시 관가의 부정부패를 신랄히 비판하며 제도적 개혁을 주장한 책으로 실학자 정약용의 각종 저술에 영향을 미친 것으로 보인다.

이름이 알려지자 정조 임금은 그에게 국정 자문을 구하기도 했다. 이때 24권의 정책 건의서를 조정에 제출했다. 정조는 감탄하여 그를 옥과(곡성의 옛 이름) 현감에 임명했다. 위백규는 고향에 '다산정사'를 지어 후학을 양성하며 71세까지 살았다.

위백규의 삶은 꽤나 행복했을 것이다. 12세 어

린 나이에 그토록 당당한 좌우명을 만들어 남들에게 보여줄 정도였으니 주변으로부터 일절 간섭받지 않고 당당하게 살았으리라 생각된다. 마음껏 공부하고 다방면의 책을 쓰고 임금에게 칭송까지 받은, 세속적으로도 성공한 인생이다.

세상에 휘둘리지 않고 주체적인 삶을 사는 것은 결국 본인 몫이다. 어린 나이에 부모 주장이나 요구를 뿌리치기는 현실적으로 쉽지 않다. 위백규처럼 인생독립을 선언하는 것은 더더욱 어렵다. 하지만 성인이 된 이후에는 자기 인생을 스스로 개척하지 않으면 안 된다. 타인의 간섭은 핑계일 뿐이다.

소설가 헤르만 헤세의 인생 독립선언도 새겨들을 만하다. 어릴 때는 "시인이 되지 않으면 아무것도 되지 않겠다"라고 했으며, 나이 들어서는 "나 아닌 어느 누구도 되고 싶지 않다"라고 말했다. 위대한 작가는 이렇게 탄생하는 것이다.

자신을 이기는 사람이
가장 강한 사람이다 ────────

−히말라야를 오르며 되뇌었던 자기 극복 신조

−엄홍길(산악인)

세계의 지붕 히말라야에서 가장 등정하기 힘든 산으로 악명 높은 로체샤르. 그 산을 오르다 보면 낙석과 낙빙이 시도 때도 없이 쏟아져 내린다. 경사가 70~90도에 이르는 죽음의 남벽은 높이만 3,500미터나 된다. 빙벽은 발바닥 전체를 디딜 곳이 거의 없어 정상까지 오르기 위해서는 약 25시간 동안 발 앞부분만 딛어야 한다. 이 정도면 생명을 운에 맡길 수밖에 없다.

산악인 엄홍길(1960~)은 이런 종류의 험준한 산을 참 많이도 올랐다. 1988년 에베레스트 등정 이후 38번 실패 끝에 히말라야 8,000미터 높이 이상 16좌 완등에 성공했다. 세계 최초의 위업이다. 로체샤르의 경우 6년 동안 3전4기 끝에 오를 수 있었다.

키 167센티미터 자그마한 체구를 가진 엄홍길에게 과연 어떤 힘이 있는 것일까? 상상해보라. 8,000미터 이상 높은 산을 오른다는 것은 그야말로 사투를 벌이는 일이다. 죽음과 싸워 이겨야만 살아남을 수 있다. 산소 양은 해수면의 3분의 1에 불과

삶이 너에게 레몬을 줄 때

하다. 때문에 두세 발만 움직여도 3분 이상 숨을 거칠게 내쉰 후에야 다시 발을 내디딜 수 있다. 평균기온이 영하 30도 이하여서 손끝과 발끝은 감각이 완전히 사라지고, 수시로 환청이 찾아온다.

이런 상황에서 승자가 되기 위해서는 체력 못지않게 강한 정신력을 갖춰야 한다. 눈이나 얼음, 바람과도 싸워 이겨야겠지만, 먼저 자신과의 싸움에서 이겨야 한다. 엄홍길이 일찌감치 '자승최강(自勝最强)'을 좌우명으로 정한 이유 아닐까. '자신을 이기는 자가 가장 강한 자다'라는 뜻이다. 그는 히말라야 고봉을 등정하며 이 말을 수도 없이 계속 되뇌었을 것이다.

사실 자신을 확실히 이길 수만 있다면 세상에 겁낼 것이 없다. 하지만 자신을 이기는 것은 결코 쉬운 일이 아니다. 남을 이기는 것보다 더 어렵다. 자신을 이기기 위해서는 자기 마음을 이겨야 하는데 그게 쉽지 않다. 수많은 유혹이 도사리고 있기 때문이다. 다른 사람의 유혹은 'NO'라고 하면 그만이다. 그러나 스스로를 유혹하며 내뱉는 말 '힘든데 이제 그만해' '좀 쉬었다가 내일 해'와 같은 유혹은 통제하기가 무척 어렵다.

옛 경전에 자신을 이기는 것이 중요하다는 문구가 자주 등장하는 것도 그만큼 실천하기 어렵기 때문이리라. "타인을 이기는 자는 힘이 센데 불과하지만 자신을 이기는 자라야 진정한 강자이다."(도덕경) "전쟁에 나가 혼자 수천의 적을 이기더라도 스스로 자기를 이기는 것만 못하다."(법구경)

자신을 이기는 일이 엄홍길처럼 큰 성공을 위해서나 대단한 일을 하는 데만 필요한 것이 아니다. 자기 감정을 이겨내고 욕망을 통제함으로써 행복을 얻는 데도 필요하다. 《논어》에 나오는 '극기복례(克己復禮)'를 예로 들 수 있다. '자신을 이기고 예로 돌아가면 인(仁)이 된다'라는 의미다. 처음부터 남을 이길 생각 말고 자신을 이기는 데 집중하는 것이 좋겠다는 생각마저 든다.

주변을 둘러보면 자신을 이기기는커녕 자신을 잃고 온통 남에게 끌려다니며 고단하게 사는 사람이 많다. 운명의 주인공이 자기 자신임을 깨닫지 못해서이다. 남의 시선으로 자신을 평가하고, 사사건건 남과 비교하는 것은 스스로 행복을 걷어차는 일이다. 남이 아니라 자기 자신을 이겨야 한다.

삶이 너에게 레몬을 줄 때

스스로를 다른 사람과
비교하지 말라 ——————

남과 제대로 비교할 줄 알았던 선비의 다짐

-이원익(조선 중기 문신)

아파트 엘리베이터 앞에서 이제 막 초등학교에
입학한 듯한 어린 소녀와 엄마가 이런 이야기를 나
누고 있었다. 소녀의 얼굴은 무척 밝아 보였다.

"엄마, 오늘 나 받아쓰기 100점 받았어."

"그래? 정말 잘했다. 우리 딸 최고!"

"엄마, 100점 받으면 피자 사준다고 약속했지?"

"당연하지. 그런데 오늘은 100점이 몇 명이야?"

"오늘은 100점이 조금 많긴 해. 10명쯤….."

둘 사이 대화는 여기서 뚝 끊겼고, 아이는 금방
시무룩해졌다. 옆에 있던 이웃 아저씨가 "받아쓰기
100점은 정말 잘한 거야"라고 칭찬했지만, 소녀의
얼굴엔 이미 깊은 그늘이 생겼다. 약속대로 엄마는
피자를 사줬겠지만, 그날 그 집 식탁에 웃음꽃이 가
득하진 않았을 것 같다.

행복을 원한다면 남과 비교하는 것은 절대 금물
이다. 아이든 어른이든 자신을 다른 사람과 비교하
는 것은 스스로 행복을 내쫓는 일이다. 비교하다 보
면 남보다 부족하고 초라한 것이 드러나기 마련이

다. 돈, 직장, 외모, 학력, 지식, 친구 등 모든 것이 비교 대상 아닌가. 모든 게 1등이 아닌 이상 비교 대상자에게 시기와 질투심이 생긴다. 비교하지 않아야 만족할 수 있고, 만족해야 감사한 마음이 생기며, 그럴 때라야 비로소 행복을 얻을 수 있다.

습관적으로 남과 비교하는 사람은 자신감은 물론 자존감마저 잃을 수 있다. 이는 자기 발전을 가로막는다. 이웃 사람을 쳐다볼 것이 아니라 거울 속의 자신을 들여다보는 습관을 들이면 어떨까? 모든 꽃은 피고 지는 속도가 다르다. 굳이 비교할 필요 없다. 남과 비교할 게 아니라 과거의 나와 비교하며 묵묵히 앞으로 나아가기만 하면 된다.

남과 비교하는 습관을 떨쳐버리기 어렵다면 조선 중기 문신 이원익(1547~1634)의 좌우명을 되새겨 보면 좋겠다. '지행상방 분복하비(志行上方, 分福下比).' 뜻과 행동은 나보다 나은 사람과 비교하고, 분수와 복은 나보다 못한 사람과 비교하라는 뜻이다.

이는 남과 비교하되 제대로 비교하며 살겠다는 선비의 굳은 각오다. 좋은 뜻과 그것을 실천하는 것은 나보다 훌륭한 사람을 멘토로 삼아 따르겠다는 다짐이다. 반면, 더 많이 누리겠다고 욕심부리지 않고 나보다 부족한 사람의 수준에서 대략 만족하겠다는 생각이다.

삶이 너에게 레론을 줄 때

이원익은 평생 자기 좌우명에 충실히 따르며 살았다. 그는 선조, 광해군, 인조 3대에 걸쳐 다섯 번이나 영의정을 지내는 등 조선 중기 정치와 행정의 중심에 섰던 인물이다. 당파 이익에 매몰되지 않고 바른 길을 걷고자 부단히 노력했다. 이러한 점을 높이 사서, 그와는 전혀 다른 정치세력의 도움으로 왕위에 오른 광해군과 인조가 첫 영의정으로 그를 선택하기까지 했다.

그는 또 청빈을 실천했다. 노년에 두 칸짜리 오두막에 살고 있다는 사실을 임금이 알고 새 집을 하사할 정도였다. 현재 경기도 광명에 있는 관감당(觀感堂)이다. 당연히 역사에도 기록된 청백리다.

이원익이 지칭한 분수와 복은 요즘 말로 수입이나 재산을 뜻한다. 그는 아마 재물에 욕심부리지 않고도 얼마든지 행복할 수 있다고 생각했던 것 같다. 재물에 욕심부리다 패가망신하는 사람을 보았는지도 모르겠다. 아무튼 그는 행복이 만족과 감사의 산물임을 제대로 깨달은 사람 아니었을까.

모든 것은 의심해봐야 한다

–어린 딸에게 털어놓은 혁명 사상가의 소신

–카를 마르크스(독일 출신 사상가)

《공산당 선언》과 《자본론》을 집필한 위대한 사상가라면 엄격하고 과묵할 것이란 선입견이 있다. 런던 대영도서관에 하루 10시간 이상 틀어박혀 정치경제학, 잉여가치론을 연구한 사람이니 아무래도 매사에 진지하고 냉소적이지 않았을까?

하지만 그는 성정이 부드러운 아저씨였다. 가족을 무척이나 사랑하고 유머 감각이 풍부한 아빠였다. 가족끼리 서로 별명을 부르며 놀곤 했다. 독일에서 태어났지만 영국에서 생의 절반 이상을 보낸 정치철학자 카를 마르크스(1818~1883)에 대한 막내딸의 기억이다.

그는 한가할 때 딸과 즉흥적인 질문을 주고받는 '고백놀이'를 즐겼다. 하루는 딸이 "아빠가 좋아하는 경구는 뭐예요?"라고 묻자 "인간에 관한 것 가운데 나와 무관한 것은 없다"라고 답했다. 또 "아빠의 인생 좌우명은 뭔가요?"라는 물음에 "모든 것은 의심해봐야 한다"라고 대답했다 한다. 대사상가의 면모를 엿볼 수 있는 장면이다.

부유한 유대인 가정에서 태어난 마르크스는 아

버지의 뜻에 따라 처음엔 법학을 공부했으나, 철학으로 박사학위를 받았다. 그는 진정으로 학문을 좋아하는 사람이었다. 학문 영역이 철학에 머물지 않고 역사학, 경제학, 정치학, 사회학 등으로 확대되었다. 그 결과 자본주의 심화로 고통받는 노동자들을 생각하게 되고, 그들에 의한 혁명 불가피성을 깨닫게 된다.

학문하는 사람에게 '의심'은 당연한 것이다. 근대 철학을 개척한 르네 데카르트는 "우리가 사실로 알고 있거나 진실이라고 믿고 있는 상식이나 지식을 모두 더 이상 쪼갤 수 없는 상태에 이르기까지 의심해서 명백한 진리를 발견해야 한다"라고 했다. 좌우명을 묻는 딸의 질문에 마르크스는 데카르트의 이 '방법적 회의'를 생각하고 대답한 것 같다.

마르크스는 누구보다 소신이 뚜렷한 학자였다. 노동자 혁명과 자본주의 종말의 불가피성을 끈질기게 주장했다. 49세 때 발표한 《자본론》 제1권 서문에서 그는 이런 말을 했다. "이 책이 지금까지 부르주아의 머리 위에 발사된 탄환 중에 가장 위력적이라는 데 이론의 여지가 없다."

또 이런 말도 했다. "제 갈 길을 가라, 남이야 뭐라고 하든." 자신의 이론을 다수의 주장으로 무력화하려는 세력의 회유에 단호히 맞서겠다는 의지의 표현이다.

'제 갈 길을 가라, 남이야 뭐라고 하든'이란 표현은 단테의 《신곡》에 나오는 말을 마르크스가 각색한 것이다. 단테를 향한 베르길리우스의 꾸짖음, 즉 "왜 걸음을 멈추느냐. 지껄이도록 내버려 두고 내 뒤를 따르라. 바람이 불어도 꼭대기가 흔들리지 않는 탑처럼 굳건해야 한다"를 축약한 표현이다.

인생에서 남의 말 듣지 않고 제 갈 길을 가는 것은 결코 쉬운 일이 아니다. 크고 작은 위험이 도사리고 있고, 실패하면 그 책임을 고스란히 떠안아야 하기 때문이다. 그래서 예부터 멀리 가려면 함께 가라고 했다. 인생의 목표나 그것을 달성하는 방법론이 다른 사람과 똑같다면, 그 사람 말 들어가며 함께 가는 것이 당연히 편하고 효율적이다.

하지만 어쩌랴, 어차피 인생이란 외로운 여정 아닌가. 주변에 아무리 사람이 많아도 자기 인생은 결국 자기 스스로 개척해야 한다. 주어진 삶을 조금이라도 자기답게 꾸밀 생각이라면 외로움을 감수해야 한다. 뚜벅뚜벅 미련 없이 제 갈 길을 가야 한다.

삶이 너에게 레몬을 줄 때

자유롭게 그러나 고독하게 ━━━━━━

고독을 예술로 꽃피운 어느 낭만주의자의 경구

-요하네스 브람스(독일의 작곡가)

그는 영혼이 자유로운 남자였다. 여행을 무척 좋아했다. 여러 여성을 사랑했지만 결혼은 끝내 하지 않았다. 약혼까지 했으나 파혼하고 말았으며, 스승의 아내를 사모했다. 그 스승의 딸을 잠시 짝사랑하기도 했다.

독일 음악을 대표하는 요하네스 브람스(1833~1897)는 20세 때 바이올리니스트 요제프 요아힘의 소개로 로베르트 슈만 부부를 운명적으로 만난다. 브람스의 재능을 단번에 알아본 슈만은 그를 옆에 두고 불타는 음악인생을 이어간다. 하지만 슈만은 자살 유혹에 빠지는 등 정신질환을 앓다가 46세 나이로 사망하고 만다.

이후 브람스는 스승의 아내이자 피아니스트인 클라라 슈만과 자녀들을 정성껏 돌봐주었다. 그러면서 클라라를 점차 사모하게 된다. 클라라가 14세 연상이었다. 여러 차례 사랑을 고백했지만, 클라라는 음악 동료 이상의 마음을 주지 않았다. 슈만 가족의 주변을 맴돌던 브람스는 그녀의 딸인 12세 연하 율리에게 연정을 품는다. 하지만 율리마저 젊은 백

작을 만나 결혼해버린다.

브람스의 개인사를 들여다보면 '자유 가운데 고독'을 즐기고 간 사람임에 틀림없어 보인다. '자유롭게 그러나 고독하게'는 그에게 슈만을 소개한 요아힘의 인생 좌우명이었다. 하지만 정작 이 좌우명처럼 살다 간 사람은 요아힘이 아니라 브람스라고 느껴진다. 그래서 사람들은 이 글귀를 브람스의 좌우명으로 여긴다.

브람스의 인생관은 'F-A-E 소나타'라고도 불리는 바이올린 소나타 3악장에 고스란히 녹아 있다. 자유와 고독을 표현하는 데 거침이 없다. 이는 슈만과 브람스, 디트리히 세 사람이 악장을 나눠 공동으로 만들어 요아힘에게 헌정한 곡이다. F-A-E란 요아힘의 좌우명 'Frei aber einsam(자유롭게 그러나 고독하게)'의 머리글자다.

브람스는 음악 여행을 즐겼다. 이탈리아에 전원주택을 마련하고 오래 머물며 작곡과 연주에 몰두하기도 했다. 마음속 자유를 찾기 위해서였을까? 자기만의 고독을 붙잡기 위해서였을까? 그는 평생 자유와 고독 둘 다 거머쥐고 살았다. 작곡과 연주를 함께 한 것처럼.

일상에서 자유는 행복의 필수 요건이다. 누군가에게 구속받는 사람이 행복할 가능성은 매우 희박

하다. 하지만 자유롭다고 해서 고독하지 말란 법은 없다. 얼핏 생각하면 자유와 고독이 서로 정반대 지점에 있는 것 같지만 공존하고 있음을 자주 발견하게 된다. 단, 고독이 곧 외로움이 아닐 때 그렇다.

인간은 누구나 고독하다. 태어날 때나 죽을 때나 예외 없이 혼자다. 금슬 좋은 배우자가 옆에 있어도, 살뜰하게 챙겨주는 자녀나 친구가 있어도 고독감을 느낄 수 있다. 함께 어울리는 사람이 아무리 많아도 고독할 수 있다. '군중 속의 고독'이란 말이 그래서 생겨났다.

그런데 고독은 분명히 외로움과 다르다. 외로운 사람은 홀로 있을 때 추위를 느끼지만, 고독한 사람은 마음이 편안하다. 고독한 사람은 외로운 사람과 달리 정신활동이 왕성하기 때문이다. 예술을 즐겨 감상하는 사람, 독서를 좋아하는 사람, 사색을 즐기는 사람이 여기에 해당한다.

브람스는 결혼하지 않고 홀로 지냈지만 고귀한 예술활동 덕분에 외롭지 않았을 것이다. 대신 풍요로운 고독을 즐겼을 것이다. "위대한 사람은 독수리와 같아서 높고 고독한 곳에 둥지를 튼다." 아르투어 쇼펜하우어가 한 말이다.

자유 ──────────

2,000명과 편지를 교환한 '사랑의 여신'의 고백

-조르주 상드(프랑스의 작가)

많은 편지를 주고받음으로써 서간문학의 업적을 남긴 작가들이 있다. 괴테, 루소, 볼테르, 생트뵈브, 위고가 대표적으로 꼽힌다. 우리나라의 윤선도, 송시열, 김정희, 유치환도 이 부류에 포함할 만하다.

그런데 이들과는 비교도 안 될 정도로 많은 편지글을 남긴 사람이 있다. 19세기 프랑스 낭만주의 시대의 여류작가 조르주 상드(1804~1876). 그녀는 평생 4만 통 이상의 편지를 썼고, 그 가운데 1만 8,000통 정도가 지금까지 전해지고 있다.

그녀와 편지를 교환한 사람은 2,000명이 넘는다. 쇼팽부터 뮈세, 플로베르, 하이네, 리스트, 발자크, 보들레르, 고티에, 투르게네프, 마르크스 등 당대 유럽 지성이 모두 포함되어 있다. 편지의 주제 또한 가족관계, 사랑, 문학, 사상, 예술, 정치적 이슈, 걱정거리, 슬픔 등 매우 다양하다.

상드는 26세 때 친구에게 보낸 편지에서 '자유'가 자신의 인생 좌우명이라고 전했다. 폭력을 일삼는 남편과의 결혼이 파탄에 이르러 아이 둘을 데리고 파리로 나와 문학활동을 막 시작하던 시기였다.

삶이 너에게 레몬을 줄 때

여자 혼자 거친 세상을 헤쳐 나가야 하지만 그래도 삶은 아름답고 행복하다고 했다. 사랑이 있기에 지금이 천국이라고도 했다. 그리고 자유를 무기 삼아 예술가의 인생을 살기로 다짐했다.

상드는 자기 좌우명처럼 자유로운 삶을 거침없이 꾸려 나갔다. 세상의 관습과 굴레에서 과감한 탈출을 시도한 것이다. 작가 사회의 남녀 차별에 당당히 맞서 남성 이름인 '조르주 상드'를 필명으로 지은 것이 대표적이다. 당시 여성 작가는 남성 작가에 비해 턱없이 적은 원고료를 받았는데, 이에 반기를 든 것이다. 남성 작가들과 자유롭게 어울리기 위해 드레스를 벗어 던지고 남성 정장을 입고 다니기도 했다. 남녀평등을 주장하는 사회 개혁가의 면모를 유감없이 발휘했다고 볼 수 있다.

당시 유럽을 떠들썩하게 했던 그녀의 자유연애는 이런 사상의 연장선이다. 상드는 남녀관계에 관한 한 정열의 마당발, 사랑의 여신이었다. 뛰어난 미인은 아니었지만, 마음에 드는 남성이 나타나면 과감하게 대시해 기어코 자기 사람으로 만드는 의지와 능력을 갖고 있었다. 스캔들의 여왕으로 불리기도 했는데, 여섯 살 연하인 음악가 쇼팽과 시인 뮈세가 대표적이다. 쇼팽과는 약 10년간 연애했다.

어쨌거나 상드는 72세까지 비교적 장수하며 세

상 사람들을 마음껏 사랑하고, 문학과 예술을 한껏 즐겼다. 그녀만큼 인생을 자유롭게 살다 간 사람이 또 있을까? 자유로운 만큼 행복했을 것이다. 좌우명대로 살았으니 아마 여한이 없었을 것이다.

상드와 동시대를 살았던 러시아 시인 푸시킨도 자유를 찬양했다. 그 때문에 유배까지 가야 했다.

"네가 주인이다
홀로 살아가라
걸어가라 자유로운 길을
자유로운 영혼이 너를 이끄는 곳으로."

인생에서 자유란 주인공으로 소신껏 사는 것을 말한다. 누구나 남에게 간섭받지 않고 주인공으로 살면 행복할 텐데 현실에선 그리 쉽지 않다. 사회적, 윤리적 부담 때문에 일부러 자유와 거리를 두는 사람도 있다.

마음껏 자유를 누리고 살든 스스로 일정한 틀 속에 갇혀 살든 인생은 자기 자신이 책임져야 한다. 푸시킨도 자유에 덧붙여 이렇게 노래했다. "너 자신이 너의 최고 심판이다."

6

행복해지기 위해

무엇이 더 필요한가

"

100년을 살아보니
경제적으로는 중류층,
정신적으로는 상류층으로
사는 사람이
행복해 보이더라.

"

나는 무엇을 할 것인가?
책을 읽을 뿐이다 ───────────

-사람 대접 못 받던 서자의 처절한 생존법

-이덕무(조선시대 실학자)

조선시대 최고 책벌레는 누구일까? 세종대왕, 김시습, 이황, 이이, 류성룡, 정약용…. 책벌레가 수없이 많았지만 벼슬 높낮이나 지명도와 상관없이 꼽는다면 단연 실학자 이덕무(1741~1793) 아닐까 싶다. '나는 무엇을 할 것인가? 책을 읽을 뿐이다'가 그의 인생 좌우명이다.

이덕무는 당시 사람 대접 못 받던 서자였다. 무척 가난하기도 했다. 대여섯 살 어린 나이에 글을 익혔으나 돈이 없어 책을 살 수 없었다. 여기저기서 빌려와 얼른 읽고 베끼는 게 그의 독서법이었다. 서자라 과거시험 볼 자격조차 없었지만, 그의 책 사랑은 어느 누구도 말릴 수 없었다. 성인이 될 때까지 단 하루도 손에서 책을 놓아본 적이 없었으며, 평생 2만 권 이상 읽었다고 한다. 스스로를 '간서치(看書痴)', 즉 책만 읽는 바보라고 불렀다.

어린시절 그의 초가집은 햇빛이 제대로 들지 않아 하루 종일 어두컴컴했다. 다행히 사방에 작은 창이 있어서, 해가 비치는 쪽으로 옮겨다니며 책을 읽었다. 벽에 선을 그어 햇빛 드는 시간을 정밀하게 측정하기도 했다. 한겨울 밤이 제일 힘들었는데, 찬바람이 들이쳐 호롱불이 흔들리면 두꺼운 장서를 바깥쪽으로 세워 바람을 막아야 했다.

그에게 독서는 자신의 존재를 증명하는 처절한 생존법이었다. 책이 있었기에, 독서를 했기에 고단한 나날을 버틸 수 있었다. 근심걱정, 배고픔, 질병을 이겨나가는 데 그나마 독서가 위안이 되지 않았을까 싶다.

다행히 독서는 그를 배신하지 않았다. 일찍이 유득공, 박제가, 이서구 등과 함께 낸 《사가시집(四家詩集)》으로 이름을 떨쳤으며, 이 책이 청나라에까지 알려졌다. 37세 때는 청나라 사신단에 끼어 그곳 문인, 석학들과 교류하는 행운을 누릴 수 있었다. 이 소문이 정조 임금 귀에까지 들어가면서 벼슬길에 올랐다.

정조는 왕실 학문연구기관이자 중앙도서관 격인 규장각을 만들면서 이덕무를 유득공, 박제가, 서이수 등과 함께 초대 검서관으로 등용했다. 학술적인 업무를 담당하며 경연을 기록하거나 자료를 정리하는 일이니 조선 제일 독서광에게 얼마나 좋은 일자리인가?

이덕무는 책만 읽는 바보가 아니었다. 그토록 책

을 많이 읽었기에, 비록 서자 출신이지만 경서와 시문에 관한 한 당대에 벌써 인정을 받았다. 인간적으로도 무시당하지 않았다. 읽고 쓰는 일을 워낙 좋아했기에 그는 아주 행복했을 것이다. 덕분에 훗날 그의 아들, 손자들도 인정받고 살았다.

이덕무의 좌우명을 곱씹어본다. 지금 나는 무엇을 할 것인가? 오로지 책을 읽을 뿐이라 한다. 독서가 그저 재미있고 다른 어떤 일보다 행복한 사람에겐 당연히 좋은 말이다. 이와 달리 독서에 별 취미가 없는 사람에게는 그다지 와 닿지 않을 것이다. 독서 대신 운동하러 나갈 수도 있고, 편하게 두어 시간 낮잠에 빠져들 수도 있고, TV로 야구경기를 시청할 수도 있다.

하지만 이도 저도 아닐 정도로 한가할 때는 책 펴는 것을 습관화하면 어떨까? 독서는 세상살이에 무조건 도움이 된다. 남녀노소 모든 사람에게 해당하는 말이다.

로마 철학자 키케로의 이 말은 언제 들어도 좋다. "책은 청년에게 음식이 되고 노인에게는 오락이 된다. 부자일 때는 지식이 되고 고통스러울 때는 위안이 된다."

생활은 소박하게, 생각은 고상하게 ─────

영국 계관시인 워즈워스의 시에서 받은 영감

-김동길(전 연세대 교수)

콧수염과 나비넥타이가 트레이드마크였던 멋쟁이 지식인 김동길(1928~2022). 그처럼 영혼이 자유로운 삶을 누린 사람은 그리 많지 않을 것이다. 한창때는 방송에도 출연하며 이름을 알렸으니 꽤 행복하지 않았을까 싶다.

역사와 철학, 영문학을 전공하고 연세대 교수를 지낸 그의 인생 좌우명은 '생활은 소박하게, 생각은 고상하게'였다. 영국 계관시인을 지낸 윌리엄 워즈워스의 시 〈런던(London), 1802〉에서 따온 표현이다. 1802년, 당시 런던이 물질 만능주의에 빠진 것을 안타까워하며 쓴 시다. 이 구절 원문은 "Plain living and high thinking are no more"이다. 김동길은 억센 평안도 사투리 억양으로 젊은이들에게 자주 자기 좌우명을 소개하며 그런 삶을 살 것을 권하곤 했다.

평안남도 맹산 태생인 김동길은 연희전문을 졸업하고 미국 유학을 다녀온 뒤, 평생 연세대에서 학생들을 가르쳤다. 상아탑에 머물지 않고 전국 각지로 강연을 다녔으며, 무려 100권 이상의 책을 썼다.

삶이 너에게 레몬을 줄 때

강연에선 해박한 지식과 청산유수 같은 입담을 무기로 정치사회적 이슈를 제기하며 자유민주주의 가치를 설파했다. 박정희 정부 때는 옥살이를 각오하고 반정부 활동을 펼치기도 했다.

김동길은 나이 들어서도 직언직설을 마다하지 않았다. 1990년대에는 국회의원을 지내는 등 정치에 깊숙이 발을 들여놓기도 했으며, 이후에는 주로 보수 성향의 목소리를 냈다. 거침없이 소신 발언을 일삼는 바람에 때론 진보세력의 강한 비판에 직면했지만 굴하지 않았다. '고상한 생각'에서 비롯됐다는 자신감의 표현 아니었을까 싶다

그는 평소 소박한 의식주 생활에 만족했다. 결혼하지 않고 평생 독신으로 살았기 때문에 특별히 재물을 욕심낼 이유가 없었을지도 모른다. 죽으면 장례식 치르지 말라는 유언을 남겼기에 2022년 10월 그의 장례는 자택에서 조촐하게 치러졌다. 유언에 따라 시신은 연세대 의과대학에 기증하고, 살던 집은 누나가 총장을 지낸 이화여대에 기부했다.

김동길의 94년 인생길은 그야말로 자기 좌우명대로였다고 평할 수 있다. 돈 욕심 없이 검소하게 살다, 남은 것을 전부 사회에 기부하고 떠났다. 청년기에 열심히 공부해서 얻은 지식은 세상 사람들에게 소신껏 전하고 갔다. 이런 인생을 살기는 쉽지 않다.

그의 삶이 멋지다고 생각된다면 조금이라도 본받기 위해 노력해봐야 하지 않을까?

김동길의 좌우명은 '행복 철학자' 김형석의 생각과 닮았다. "100년을 살아보니 경제적으로는 중류층, 정신적으로는 상류층으로 사는 사람이 행복해 보이더라." 두 사람 다 철학을 공부한 장수 학자란 점에서 시사하는 바가 작지 않다. 제발 돈욕심부리지 말고 공부나 열심히 하라는 조언으로 들린다.

사실 이런 삶은 행복에 앞서 품격을 더해준다. 생활을 단순하고 소박하게 하면 생각이 고상해질 수밖에 없다. 반대로 생각을 고상하게 하다 보면 사치, 혹은 낭비하려는 마음이 아예 생기질 않는다. 이것이 바로 품격 있는 삶이다. 이런 삶에는 당연히 행복도 뒤따를 것이다.

김동길은 평소 이런 말을 즐겨 했다. "사치는 사람을 저속하게 하고 낭비는 사람의 양심을 마비시킨다. 검소한 삶과 고상한 생각만이 품격과 행복을 보장해준다."

불필요한 것은 갖지 않는다 ——————

비워야 행복하다는 수도승의 청빈한 삶

-법정(승려, 수필가)

인도 정치 지도자 마하트마 간디는 자발적 가난과 청빈한 삶을 온몸으로 실천한 사람이다. 그가 행동으로 보여준 '무소유'의 삶은 '비폭력 저항'만큼이나 전 세계인에게 큰 영감을 주었다. 간디는 1931년 9월, 제2차 국제 원탁회의에 참석하기 위해 영국 런던으로 가던 중 프랑스 남부 마르세유 세관 직원에게 소지품을 펼쳐 보이며 이런 말을 남겼다.

"나는 가난한 탁발승이오. 내가 가진 것이라곤 물레와 교도소에서 쓰던 밥그릇, 염소젖 한 깡통, 허름한 담요 여섯 장, 수건, 그리고 대단치도 않은 평판, 이것뿐이오."

간디에게 영향을 받았을까? 우리나라 대표적 선승인 법정(1932~2010)은 '무소유'를 좌우명으로 삼아 평생 실천하며 살았다. 1976년에 펴낸 수필집 《무소유》는 베스트셀러가 되어 재물의 포로가 된 현대인들에게 성찰의 계기를 제공했다.

법정에게 무소유란 궁색한 빈털터리가 된다거나 아무것도 갖지 않는다는 의미가 아니라, 불필요한 것을 갖지 않는다는 뜻이다. 누구나 필요할 것 같아 물건을 갖게 되지만, 가끔 그것 때문에 구속당하고 얽매이는 불행을 경험하게 된다. 그럴 경우 그 물건은 불필요한 것이라는 게 법정의 진단이다. 행복을 원한다면 그런 것은 굳이 가질 이유가 없지 않겠는가?

"무소유의 진정한 의미를 이해할 때 우리는 보다 홀가분한 삶을 살 수 있다. 우리가 선택한 맑은 가난은 부보다 훨씬 값지고 고귀한 것이다. 이것은 소극적인 생활 태도가 아니라 지혜로운 삶의 선택이다."

법정은 비움과 참선으로 행복을 추구한 자연주의 사상가였다. 소유를 중시하는 세상 사람들의 생각에 의문을 제기하며 자발적 가난과 간소함을 실천하고자 했다. 전남 순천 송광사 뒷산에 암자를 짓고 수도승으로 살았으나, 이름이 알려져 찾아오는 사람이 늘어나자 깊은 산중으로 숨어버렸다. 대신 끊임없는 글쓰기로 세상 사람들과 소통했다. 그가 남긴 30여 권의 수필집은 무소유와 사랑, 행복을 주제로 한다.

인간이 가장 중요하게 여기는 소유물은 돈이다. 돈의 힘은 권력이나 명예보다 강할지 모른다. 속세의 모든 것을 지배한다는 점에서 신에 가깝다고 할 수도 있다. 하지만 돈은 야누스의 두 얼굴을 지녔다.

에밀 졸라가 소설《돈》에서 그 양면성을 명쾌하게 표현했다.

"돈은 저주이며 축복이다. 모든 악이 돈에서 비롯되고 모든 선도 돈에서 비롯된다. 그러나 돈은 내일의 인류를 성장시킬 퇴비이다."

그러므로 열심히 노력해서 돈을 벌되, 그것의 노예가 되지 않도록 조심해야 한다. 중요한 것은 만족감이다. 많이 갖고도 만족하지 않으면 불행하고, 많이 갖지 않고도 만족하면 행복하다. 우리 모두 간디나 법정처럼 살 수는 없다. 굳이 그렇게 살 필요도 이유도 없다. 하지만 행복하려면 자신의 분수와 처지에서 무엇이 필요하고 무엇이 불필요한지 구별할 줄은 알아야 한다. 구별해서 필요하지 않는 것은 갖지 않는 것이 좋다. 그것이 삶의 지혜다.

법정은 19세기 초월주의 철학자 헨리 데이비드 소로의 삶을 애써 본받고자 했다. 소로의 저서《월든》에 이런 말이 나온다.

"우리에게 절대적으로 필요한 것은 별로 많지 않다. 남아도는 부는 쓸데없는 것들만 사들인다. 자유를 소중히 여기면 조금 힘하게 살아도 얼마든지 행복할 수 있다."

궁금해하고 또 궁금해하라 ────

호기심 가득한 여성 작가의 자기 확신

-조이스 캐럴 오츠(미국의 작가)

아홉 살 소녀가 할머니에게서 루이스 캐럴이 쓴 동화책《이상한 나라의 앨리스》를 선물로 받았다. 일곱 살 소녀 앨리스가 토끼굴에 들어갔다가 기묘한 생명체들이 모여 사는 환상의 세계에서 모험을 겪는 이야기다.

아홉 살 소녀는 동화에 흠뻑 빠져들었다. 주인공 앨리스와 자신을 오랫동안 동일시할 정도였다. 그리고 앨리스의 좌우명 '궁금해하고 또 궁금해하라'를 자신의 인생 좌우명으로 삼는다. 현대 미국 문단의 대표작가 조이스 캐럴 오츠(1938~)의 어린 시절 이야기다. 그녀는《이상한 나라의 앨리스》와 그 속편인《거울 나라의 앨리스》를 읽고 작가가 되는 데 많은 영감을 받았다고 한다.

이 동화를 쓴 루이스 캐럴은 원래 수학자다. 젊은 수학교수 시절 하숙집 자녀들과 어울려 놀면서 스토리를 구상했다. 그래서 작품 곳곳에 수학 퍼즐과 은유가 넘쳐나며, 온갖 궁금증과 호기심을 불러일으킨다. 때문에 수학자, 철학자, 물리학자, 심리학자에게 많은 영감을 준다. 상대성 이론, 양자역학,

삶이 너에게 레몬을 줄 때

빅뱅이론 등을 설명할 때 이 동화 내용을 곧잘 인용하는 이유다.

오츠는 자기 좌우명대로 평생 궁금증을 안고 살아왔다. 세상만사 궁금해하기를 생활화한 사람이다. 궁금증은 호기심을 유발한다. 그녀의 작품 분야가 매우 다양한 것은 그녀 특유의 호기심 덕분이다. 1964년 첫 소설《떨리는 가을에》를 발표한 후 지금까지 100여 권을 저술했으며, 장르에 구애받지 않고 소설과 시, 희곡, 에세이, 비평 등 여러 분야를 넘나든다.

여성 작가로선 드물게 소름 끼치는 공포물과 사이코패스를 주제로 한 작품도 망설임 없이 집필한다. 실존 연쇄살인범 제프리 다머의 이야기를 소재로 살인자의 내면을 탐구한 공포소설《좀비》가 대표적인 예로, 끝없는 호기심과 무궁무진한 상상력이 요구되는 작품이다. 작가로서 명성을 얻은 그녀는 거의 매년 노벨 문학상 수상 후보자로 거론된다.

궁금증은 호기심과 사촌간이다. 무언가 알고 싶어 몹시 답답해하거나 안타까워하는 마음이다. 새롭고 신기한 것을 좋아하거나 모르는 것을 알고 싶어 하는 마음이기도 하다. 이런 마음은 지식과 지혜를 얻는 데 반드시 필요하다. 자기 발전을 꾀하는 여정에서 지능이나 재능 못지않게 중요한 요건이다.

궁금증도 호기심도 없다면 지식이나 지혜를 구하려는 욕구가 생길 리 없다.

물리학자 알베르트 아인슈타인은 "나는 특별한 재능이 있는 것이 아니라 단지 호기심이 굉장히 많을 뿐이다"라는 말을 남겼다. 천재의 겸손함에서 나온 표현이기는 하지만, 호기심이 더없이 중요함을 강조한 말이다.

흔히 상상력과 호기심은 삶의 에너지라고 한다. 호기심을 자극하는 다양한 주제를 찾아 나서고 발견하고 체험하는 사이에 일상이 풍요로워지고 삶의 질이 향상된다. 세상을 향한 호기심으로 반짝이는 눈동자가 어린아이의 전유물은 아니다.

이상과 열정을 기억하라 ────

소년의 순수성을 평생 간직했던 성자의 인생 지침

-알베르트 슈바이처(독일 출신 프랑스 의사)

'밀림의 성자' 알베르트 슈바이처(1875~1965)는 소년시절 이런 인생 목표를 정했다. "20대 10년간은 내가 하고 싶은 학문과 예술을 공부하고, 30대 이후에는 남에게 봉사하는 삶을 살자." 비록 부유하지는 않았지만 신실한 목회자 집안에서 성장한 영향으로 보인다.

슈바이처는 또 대학에 진학하면서 인생 좌우명을 정했다. '이상과 열정을 기억하라.' 어린 시절 품었던 꿈과 비전을 간직하고 열심히 살겠다는 다짐이라 여겨진다. 그는 좌우명대로 살았다. 자신이 세운 인생 목표에 맞춰 열정적으로 공부했다. 잇따라 철학박사와 신학박사 학위를 받는가 하면, 목사가 되고 오르간 연주자로도 명성을 얻었다. 모두 20대에 이룬 성과이다.

30세가 되던 해 그는 학문과 예술활동을 중단하고, 아프리카로 의료봉사를 가기 위해 의학공부를 시작했다. 8년 만에 의학박사 학위를 취득하자 곧바로 적도 아프리카(지금의 가봉공화국) 랑바레네로 향했다. 아내도 간호사 자격을 취득한 뒤 동행했다. 그의 아프리카 의료봉사는 이렇게 시작되었다.

슈바이처는 20대를 누구보다 열심히 살았기에 일찌감치 안정적인 삶을 가꿀 수 있었다. 아프리카로 떠날 즈음 그는 이미 유럽의 저명한 지성이었다. 스트라스부르대학의 교수로서 《예수 생애 연구사》란 신학 명저를 남겼으며, 음악가로서 바흐 연구의 독보적 존재로 인정받고 있었다.

하지만 그는 크고 넓은 길 대신 가시밭길을 택했다. 내가 아닌 남을 위한 삶이 자신의 이상이라고 판단한 것이다. 그 이상을 실현하기 위해 평생토록 열정적인 삶을 이어갔다. 제1차, 제2차 세계대전 때 유럽인들의 후원이 뚝 끊어지는 어려움 속에서도 그는 포기하지 않았다. 강연과 저술, 오르간 연주로 병원 운영비를 충당했다. 열정적인 삶은 노벨 평화상 수상으로 결실을 맺는다.

슈바이처는 50세 무렵 펴낸 자진적 에세이 《열정을 기억하라》에서 일곱 가지 바람직한 삶의 지침을 제시했다. 자신의 남다른 열정이 어디서 나왔는지에 대한 고백이기도 하다.

1. 감사를 표현하라.
2. 만남을 소중히 하라.
3. 남을 존중하라.

4. 가슴을 따르라.

5. 이상과 열정을 기억하라.

6. 열네 살 나이로 살아라.

7. 믿음을 실천하라.

슈바이처는 말했다. "나는 어린 시절 가졌던 생각과 감정을 그대로 유지해야 한다는 신념을 평생 좌우명으로 삼고 살아왔다. 나는 이른바 성숙한 사람이 되지 않으려고 본능적으로 노력했다."

왜 이런 말을 했을까? 아마도 순수함을 유지해야 자기 이상을 실현할 수 있다고 생각했을 것이다. 나이가 들어도 열네 살 어린아이의 마음으로 세상을 마주하면 세속적 욕심에 빠지지 않을 수 있다. '가슴을 따르라'는 지침도 같은 맥락이리라. 가슴 대신 머리를 따르면 누구든 눈앞의 손익에 연연하기 쉽다.

성공적인 인생을 살기 위해 이상 못지않게 열정이 중요하다. 열정 없이 위대한 성취를 남긴 사람은 거의 없다. 비록 특별한 재능이 없더라도 열정만 있다면 성공할 수도 있다. 강력한 열정은 재능을 창조할 수도 있기 때문이다. 그래서 세상은 에너지 넘치는 사람들의 것이라고 말한다. 슈바이처는 90세로 세상을 떠나는 날까지 활기를 잃지 않았다.

사랑의 갈망, 지식 탐구욕,
참기 힘든 연민 ─────────

철학자 러셀에게서 영감을 받은 감동의 메시지

-노엄 촘스키(미국의 언어학자)

미국의 대표적 지식인 노엄 촘스키(1928~)의 매사추세츠 공과대학(MIT) 연구실 벽에 한동안 이런 글이 붙어 있었다. "단순하지만 누를 길 없이 강렬한 세 가지 열정이 내 인생을 지배해왔다. 사랑에 대한 갈망, 지식에 대한 탐구욕, 인류의 고통에 대한 참기 힘든 연민."

20세기 위대한 철학자 버트런드 러셀이 자서전의 첫머리에 쓴 문장이다. 이 글은 자서전의 품격을 한층 높였다는 평가를 받는다. 촘스키는 영국 철학자 러셀을 특별히 존경하고 흠모한다. 학기 초가 되면 꼭 러셀의 이 말로 수업을 시작했다. 덧붙여 자기에게 전율을 느끼게 하는 이 말이 인생 좌우명이라고 소개한다.

촘스키는 왜 그토록 러셀을 좋아할까? 러셀은 가슴이 따뜻한 사람이다. 철학자이자 수학자이기도 해서 엄격하고 무뚝뚝할 것 같지만, 부드러운 성품의 소유자였다. 학문적으로는 누구보다 냉철한 지식인이지만 인간적으로는 연민과 관용의 성정을 갖

삶이 너에게 레몬을 줄 때

춘 멋진 박애주의자였다. 그의 긴 인생길을 더듬어 보면 누구나 본받고 싶은 사람이다. 세 가지 소중한 꿈을 품고 100년 가까이 열정적으로 살았다. 그렇게 산 결과 위대한 업적을 남겼으니 크게 성공한 인생이다. 또한 행복한 삶이기도 했다.

러셀은 자서전에서 사랑은 기쁨을 주고, 외로움을 덜어주며, 천국의 모습을 보여주기 때문에 찾아 나섰다고 했다. 지식은 다른 사람들의 마음을 알아보고 싶고, 하늘의 별이 왜 반짝이는지 알고 싶고, 피타고라스를 이해해보고 싶기 때문에 탐구했다고 했다. 연민은 고통받는 사람들의 절규가 자기 가슴을 울렸기 때문에 가지고 살았다고 했다.

이 얼마나 아름다운 생각인가? 얼마나 멋진 인생관인가? 삶을 마감하면서 이렇게 회고할 수 있다면 세상 부러울 게 없을 것 같다. 죽음이 안타깝지도, 두렵지도 않을 것이란 생각이 든다.

촘스키의 일생도 러셀과 많이 닮았다. 아마 그를 흠모하며 그를 따라 살았기 때문일 것이다. 사랑을 갈망한 끝에 부인 캐롤과 모범적인 가정을 꾸렸다. 지식 탐구욕에 힘입어 '변형생성문법 이론' 등 언어학과 철학에 많은 업적을 남겼다.

고통받는 인류에 대한 연민도 남다르다. 비판적 사회운동가로 왕성하게 활동한 것에서 잘 드러난다. 미국이 주도하는 전쟁과 글로벌 자본주의, 신자유주의를 강력하게 비판하며 일생을 보냈다.

세상을 향한 그의 힘찬 목소리는 다분히 지식을 기반으로 하고 있다. 촘스키는 언어학 이외에도 정치학, 철학, 심리학 등 다양한 주제로 80여 권의 저서와 1,000편 이상의 논문을 발표했다. 사회정의에 기초한 사회 비판이 많이 담겼다. 러셀이 말한 연민과 일맥상통하는 부분이다. 사랑과 연민이 가득 찬 목소리이기에 그의 말에는 잔뜩 힘이 실렸다. 세계인들이 귀기울여 듣는 이유다.

지식을 탐구하는 삶, 탐구한 지식을 토대로 사회를 변화 발전시키는 데 기여하는 삶은 아름답다. 그런 삶을 살려면 우선 지식의 강력한 힘을 알고 믿어야 한다. 헬렌 켈러는 "지식은 사랑이자 빛이자 통찰력"이라고 했다.

촘스키처럼 사랑을 품고 지식을 탐구하는 사람은 참으로 아름답다. 사랑의 지식으로, 남을 위하는 마음으로 세상을 향해 소리 높여 외칠 수 있는 사람은 행복하다.

나는 아직도 배우고 있다 ────────

죽는 날까지 공부했던 천재 예술가의 열정

–미켈란젤로(이탈리아의 화가)

공부하는 사람은 나이가 들어도 늙지 않는다. 반대로 공부하지 않는 젊은이는 늙은이와 다름없다. 배우고 익히려는 열망과 열정이 있는 사람의 얼굴은 나이와 상관없이 아름답게 빛난다. 공자가 설파한 것처럼 배우고 익히는 것은 누구에게나 기쁨이기 때문이다.

배움의 열정을 이야기할 때 르네상스를 대표하는 천재 예술가 미켈란젤로(1475~1564)를 빼놓을 수 없다. 자타가 인정하는 천재도 89세로 죽는 날까지 배우고 익히며 살았다. '나는 아직도 배우고 있다'가 그의 인생 좌우명이었다. 건강하게 장수한 것은 끊임없는 배움의 힘에서 나온 게 아닐까?

미켈란젤로는 예술 작품에 관한 한 완벽을 추구했던 사람이다. 조금이라도 부족함이 느껴지면 견디기 힘들어했다. 조각, 회화, 건축에서 위대한 작품을 남긴 이유가 여기에 있다. 일평생 쉬지 않고 공부한 결과라고 해야겠다. 성공하려면 자기와의 싸움에서 승리해야 한다. 그는 "나의 경쟁자는 오로지 미래의 나 자신뿐이다"라고 했다.

그의 예술인생은 조각에서 시작되었다. 불과 24세에 피에타상, 29세에 다비드상을 완성해 세상을 깜짝 놀라게 했다. 그는 젊은 시절 상당 기간 화가가 아니라 조각가로 불렸다. 하지만 회화에 대한 배움의 열정은 뜨거웠다. 결국 37세에 시스티나 성장 천장화를 그림으로써 화가로서의 입지를 다지는 데 성공한다. 그리고는 66세를 넘겨 〈최후의 심판〉을 완성한다.

세상 사람들은 여기서 그치지 않을까 생각했지만, 미켈란젤로는 건축에 관심을 갖기 시작했다. 전 세계인이 즐겨 찾는 로마의 성 베드로 성당은 71세에 건축 책임을 맡아 생을 마감할 때까지 공사를 계속했다. 시력이 약해져 앞이 잘 보이지 않는 상황이 왔을 때도, 촉각에 의지해 죽기 직전까지 새로운 피에타상 조각에 매달리기도 했다.

인간은 죽을 때까지 배움의 열정을 갖고 살아야 한다. 그래야 영혼과 육체가 충만한 삶을 이어갈 수 있다. "배움에는 끝이 없다. 책을 읽고 시험에 합격하고 교육을 마치는 것이 전부가 아니다. 태어나는 순간부터 죽는 순간까지 인생 전체가 배움의 과정이다." 인도 철학자 지두 크리슈나무르티의 통찰이다.

인생에서 너무 늦은 때란 없다. 늦다고 생각하면 늦은 것이고, 늦지 않다고 생각하면 늦지 않은 것이다. 늦은 나이까지 공부한 사람이 미켈란젤로뿐이 겠는가? 수없이 많다. 그리스 철학자 소크라테스는 60세에 악기를 배우기 시작했고, 그리스 철학자 플루타르코스는 80세가 넘어서까지 라틴어를 배웠다. 로마 정치가 카노 역시 80세에 그리스어를 배우기 시작했다.

미국의 국민화가 '모지스 할머니'는 또 어떤가? 평생 농부의 부인으로 살다, 75세에 딸의 권유로 그림을 그리기 시작해 101세까지 화가로 살다 갔다. 그녀가 그린 전체 1,600여 점 가운데 250점은 100세가 넘어서 그렸다고 한다. 나이 핑계 대는 사람들의 입을 다물게 한다.

어릴 적 배움의 기회는 부모가 마련해주지만, 성인 이후의 배움은 스스로 챙겨야 한다. 정년퇴직을 했더라도, 칠순 넘긴 노인이라도, 얼마든지 새롭게 배움을 시작할 수 있다.

배우 김태리의 말에서 큰 울림이 전해져 온다. "배움은 그 누구도 챙겨주지 않고 내가 훔쳐먹는 것이다." 배움이 주는 기쁨과 유익을 스스로 느낄 수 있어야 가능한 일이리라.

열정을 잃은 사람이
가장 늙고 슬픈 사람이다 ─────

진정한 자유를 꿈꾼 《월든》의 저자 소로의 조언

─노먼 빈센트 필(미국의 목사, 작가)

젊은이와 늙은이를 구분하는 잣대는 무엇일까? 다들 나이는 숫자일 뿐이라고 하니 건강과 체력이 문제라고 해야 할까? 요즘 기준에는 미래를 이야기하는 사람은 젊은이고, 과거를 말하는 사람은 늙은이라고 할 것 같다.

19세기 미국 사상가이자 작가인 헨리 데이비드 소로는 열정을 그 잣대로 제시했다. 명저 《월든》과 《시민 불복종》을 저술하며 진정한 자유를 꿈꾸었던 소로는 "열정을 잃은 사람이 가장 늙은 사람"이라고 규정했다. 또 가장 슬픈 사람이라고 했다.

미국의 저명한 목사이자 저술가 노먼 빈센트 필(1898~1993)은 소로의 이 말을 무척 좋아해 인생 좌우명으로 삼았다. 그는 '만인의 성직자'로 불리며 약 60년 동안 전 세계인에게 성공과 행복의 비법을 전파했던 탁월한 연설가이다. 어린 시절을 끔찍한 열등감 속에서 보냈으나, 성인이 되어서는 특유의 긍정적 사고로 열정적인 인생을 가꾸었다.

필은 왜 소로의 말을 인생의 거울로 삼았을까?

인생에서 열정은 생명력이자 에너지이다. 그것 없이는 인생을 말하기 어렵다. 하루하루 살아가는 힘의 원천이 열정에서 나오기 때문에, 그것이 있고 없음의 차이가 삶의 향방을 결정한다고 할 수 있다. 다음 글에 필의 인생철학이 고스란히 녹아 있다.

"자신이 성공하는 내면의 그림을 마음속에 명확히 그리고 지울 수 없게 각인시켜라. 그리고 그 그림을 끈질기게 간직하라. 절대 희미해지도록 내버려두지 마라. 그대의 마음이 그 그림을 실현하기 위해 노력할 것이니, 그대의 상상 속에 어떠한 장애물도 두지 마라."

마음속에 성공의 그림을 그려 잘 간직하라고 세상 사람들에게 조언한 것은 바로 열정을 잃지 말라는 뜻이다. 이 세상 위대한 것 중에 열정 없이 이루어진 것은 아무것도 없다. 현실에 안주하고 도전하지 않는데 무슨 성취가 있겠는가? 주변 사람들을 눈여겨 살펴보라. 열정에 불타는 사람은 대부분 성공하며, 아름답고 행복해 보인다. 반대로 열정을 잃은 사람은 뜻한 바를 이루지 못해 실의에 빠져 있다.

열정을 잃었을 때는 어떻게 해야 할까? 필은 사랑을 해법으로 제시했다. 성직자다운 생각이다. "사람을 사랑하고 하늘을 사랑하고 아름다움을 사랑하라. 사랑하는 사람의 인생은 환희와 즐거움으로 가득 차게 되고, 열정은 저절로 회복될 것이다. 그러면 인생의 의미가 다시 충만해질 것이다."

열정을 회복하는 데 자신감도 중요하다. 자기 자신의 능력을 믿어야 한다. 주어진 환경을 원망하고 나이를 탓해서는 아무 일도 할 수 없다. 불우하게 태어난 것은 자기 탓이 아니지만, 불우하게 죽는 것은 온전히 자기 탓이다. 마흔이나 쉰 살밖에 안된 사람이 "이 나이에 내가 뭘 할 수 있겠냐"라며 다 늙은 것처럼 굴기도 한다. 이런 사람은 열정이 없으니 늙은이가 맞다.

매사에 긍정적으로 사고하는 습관을 가져야 한다. 그래서 낙천적인 사람이 좋다. 일부러라도 웃어야 한다. 행복해서 웃는 것이 아니라 웃으면 행복해지는 법이다. 열정을 가짐으로써 지치고 주눅 든 나를 깨워야 한다. 노먼 빈센트 필은 세상만사 생각하기 나름이라고 했다.

그가 말한 열정의 표현이다. "노(NO)를 거꾸로 쓰면 전진을 의미하는 온(ON)이 된다."

죽어서 어떤 사람으로
기억되고 싶은가? ————————

중학교 시절 선생님에게서 받은 인생 질문

-피터 드러커(오스트리아 출신의 미국 경영학자)

'현대 경영학'의 창시자로 불리는 피터 드러커(1909~2005)는 오스트리아 빈의 김나지움(중고등학교 과정)에 다닐 때 종교 선생님에게서 이런 질문을 받았다고 한다. 불과 13세 때의 일이다. "너희들은 훗날 어떤 사람으로 기억되고 싶은가?"

다분히 철학적인 질문이라 어린 학생들에게는 어렵게 느껴졌을 것이다. 아무도 대답하지 못했다. 그러자 선생님은 빙그레 웃으면서 이렇게 말했다고 한다. "너희들이 대답할 수 있으리라 기대하고 질문한 것은 아니다. 하지만 50세가 될 때까지 이 질문에 대답하지 못한다면 너희들은 인생을 낭비한 것이라고 생각해야 한다."

이 질문이 드러커에게 깊은 인상을 남겼던 듯하다. 그는 대답을 찾고자 청년 시절 끊임없이 고심했으며, 나이 들어서는 인생 좌우명으로 삼아 항상 되새겼다. "죽어서 어떤 사람으로 기억되고 싶은가?"

독일 프랑크푸르트대학교에서 법학박사 학위를 받은 드러커는 독일과 영국을 무대로 신문사, 은

행, 보험회사에서 왕성하게 일했다. 그 후 미국으로 건너가 세계적인 경영학자가 되었다. 조직으로서의 기업을 새롭게 정의하는가 하면, 경영을 학문으로 확립하는 데 결정적으로 기여했다. 가까운 미래에 지식사회가 도래할 것임을 예측하기도 했다. 경영의 현재와 미래를 분석, 조망하는 저서를 39권이나 남김으로써 '경영학의 아버지'란 별칭까지 얻었다.

드러커는 자문 형식의 자기 좌우명에 이렇게 답하곤 했다. "나는 다른 사람의 목표 달성을 도와준 사람으로 기억되고 싶어." 경영학자다운 발상이다. "인간은 타인의 행복에 기여함으로써 행복해질 수 있다. 나의 친구들은 내가 그들의 경력이나 사업을 보다 좋게 해주었기 때문에 나를 소중하게 여긴다네." 그가 자랑스럽게 했던 말이다.

그는 노년에 "당신의 인생을 어떻게 평가하느냐"라는 기자의 질문에 세상에서 가장 행복한 사람이라고 대답했다. 학자로서 평생을 열심히 일했으니, 죽은 뒤에도 누군가가 자신의 이름을 기억하리라 생각하고 행복을 느꼈던 듯하다. 어쨌거나 그는 스스로의 삶에 만족하며 96세까지 장수했으니 여한이 없었을 것이다.

드러커의 인생 좌우명은 누구나 곱씹어볼 만한 가치가 있다. '죽어서'라는 표현이 들어 있다는 이유

삶이 너에게 레몬을 줄 때

로 젊은이가 외면할 질문이 아니다. 우리 모두는 언젠가 죽는다. 하지만 누구나 제각기 이름을 남기며 '어떤 사람'으로 기억된다. 나라는 사람이 세상의 많은 이들에게 오랫동안 기억된다는 것을 생각하면 두렵지 않은가?

이 좌우명은 나이와 상관없이 인생 전체를 겸허히 조망하며 살라는 명령으로 들린다. 제대로 살고 있는지, 어떻게 살아가야 하는지 자신에게 끊임없이 물어야 한다. 자신 있게 대답할 수 없다면 인생의 궤도를 수정하는 것도 생각해봐야 한다. 사회적 출세와는 상관없다. 가족이나 친구 사이에도 자기 삶의 태도와 방식이 선하게 작동하고 있는지 점검이 필요하다.

비록 유명인이 아니라도 죽어서 자기 묘비에 어떤 문구가 새겨질지 상상해보라. 남겨진 사람들에게 "나는 이런 사람이었다"라고 최소한 부끄럽지 않게 말할 수 있어야 하지 않겠는가?

영국 작가 찰스 디킨스의 묘비명에 이렇게 적혀 있다 한다. "가난하고 고통받고 박해받는 사람들을 동정했다. 이 사람의 죽음으로 세상은 영국에서 가장 위대한 작가를 잃었다."

간소하고 질서 있게 생활하라 ————

자연에서 자유와 행복을 찾은 어느 경제학자의 원칙

–스코트 니어링(미국의 사회운동가)

미국에서 반자본주의자, 반전운동가로 사는 것
은 고행이다. 주류에서 벗어날 가능성이 높다. 그러
나 기득권에 연연하지 않고 평생 소신껏 말하고 행
동하며 살 수 있다면 꼭 불행한 인생은 아닐 것이다.
그런 사람이 삶의 철학이 같은 배우자를 만나 소박
하지만 충만한 삶을 살았다면 무척 행복하지 않았
을까?

미국의 사회운동가 스코트 니어링(1883~1983)
은 공동체의 평화와 행복, 복지에 남다른 관심을 갖
고 살다 아름다운 외침을 남기고 갔다. 부유한 가정
에서 태어나 경제학 교수가 되었으나, 반자본주의
및 반전을 부르짖다 주류사회에서 쫓겨나고 만다.
그는 산업자본주의가 인간의 삶을 공허하게 만드는
원인임을 알고 온몸으로 저항했다.

스코트 니어링은 진정한 자유와 행복을 위해서
는 자동차와 기계소리 요란한 도시에서 벗어나 조
용한 농촌에서 살아야 한다고 생각했다. 21세 연하
헬렌 니어링과 결혼한 그는, 결국 뉴욕을 떠나 버몬
트주의 한적한 시골마을에 정착했다. 두 사람의 농

삶이 너에게 레몬을 줄 때

촌생활은 현실도피가 아니었다. 이 무렵에 정한 부부의 좌우명이자 삶의 원칙을 살펴보면 고귀하면서도 치열하다.

1. 간소하고 질서 있게 생활할 것.
2. 미리 계획을 세울 것.
3. 일관성을 유지할 것.
4. 꼭 필요하지 않은 일은 멀리할 것.
5. 되도록 마음이 흐트러지지 않게 할 것.
6. 매일 자연과 사람 사이에 가치 있는 만남을 이루도록 할 것.
7. 노동으로 생계를 이어갈 것.
8. 자료를 모아 체계를 세울 것.
9. 연구에 온 힘을 쏟고 방향성을 유지할 것.
10. 쓰고 강연하고 가르칠 것.
11. 계급투쟁 운동과 긴밀한 접촉을 유지할 것.
12. 원초적이고 우주적인 힘에 대한 이해를 넓힐 것.
13. 계속해서 배우고 익혀 점차 통일되고 원만하며 균형 잡힌 인격체를 완성할 것.

니어링 부부가 굳이 농촌으로 간 이유는 천박한 자본주의와 불평등한 노동착취적 사회구조가 지배

하는 도시에서는 자연과의 조화로운 삶, 평화주의
와 채식주의를 실천하기 어렵다고 판단했기 때문이
다. 그들에게 귀농은 재물 추구를 단념하고 완전한
자유를 얻기 위해서는 당연한 선택이었다. 직접 집
을 짓고 모든 생활필수품을 자급자족했다. 그러면
서도 왕성하게 지적 활동을 했다. 노동시간을 최소
한으로 줄여 독서와 연구, 글쓰기, 여행을 즐겨 하면
서 충만한 삶을 가꾸었다.

　두 사람의 여러 좌우명 가운데 1순위는 '간소하
면서도 질서 있게 생활하는 것'이었다. 복잡하고 바
쁘게 살도록 강요하는 현대 문명의 덫에서 하루빨
리 탈출하라는 메시지로 들린다.

　미국 작가 마크 트웨인은 "문명이란 불필요한
생활필수품을 끝없이 늘려가는 것"이라고 했다. 자
본주의 사회의 물질만능주의를 신랄하게 비꼬는 말
이다. 현대 사회는 수많은 광고를 통해 소비경쟁을
부추겨 과소비를 조장하는 측면이 있다. 돈을 벌기
위한 노동시간은 점점 늘어나고, 몸과 마음이 휴식
할 시간은 부족해진다. 이런 삶이 행복할 리 없다.

　이런 점에서 니어링 부부는 행복의 지름길을 누
구보다 앞서 개척했다고 할 수 있다. 스코트는 100
세, 헬렌은 91세까지 비교적 건강하게 살았다.

오늘을 잘 살펴라 ──────────

거울에 붙여놓고 매일 외었던 시

- 데일 카네기(미국의 자기계발 전문가)

"오늘을 잘 살펴라. 오늘이 바로 인생이요 인생 중의 인생이라."

4세기 말~5세기 초에 살았던 인도 시인 칼리다사가 쓴 시 〈새벽에 바치는 인사〉의 도입부다. 이 시는 그의 행복론이 집약된 작품이다. 일찌감치 영어로 번역되어 서방 작가들에게 많은 영감을 주었다. 시는 이렇게 이어진다.

"그 짧은 순간에
당신이라는 존재의 진실과 실체가
성장의 축복과
행위의 아름다움과
성취의 영광이 모두 담겨 있다.
어제는 꿈일 뿐이요
내일은 환상에 불과하나
오늘을 잘 살면 어제는 행복한 꿈이 되고
내일은 희망찬 환상이 된다.
그러니 오늘을 잘 살펴라.
이것이 새벽에 바치는 인사이다."

미국의 자기계발 전문가이자 밀리언셀러 작가 데일 카네기(1888~1955)는 매일 아침 면도할 때 보려고 이 시를 화장실 거울에 붙여놓았다고 한다. 꿈일 따름인 어제에 연연하거나 환상에 불과한 내일에 얽매이지 말고 오로지 오늘에 집중하라는 말에 크게 감동받았던 것 같다.

　　카네기가 쓴 《행복론》은 《인간관계론》 못지않게 유명한 책으로, 진정한 행복을 이룬 사람들의 숨은 사연을 담담하게 들려준다. 그는 걱정과 고민에서 빠져나와 오늘 하루 충만하게 살라고 조언한다. 《행복론》의 첫머리에 그는 '현대 의학의 아버지'로 불리며 존스홉킨스 의과대학 설립에 핵심 역할을 한 윌리엄 오슬러의 예일대 강연 내용을 소개했다.

　　"과거는 닫아버리십시오. 지나간 일들은 과거로 묻어두십시오. 내일과 어제의 짐까지 모두 지고 가면 아무리 강한 사람이라도 쓰러집니다. 미래나 과거는 모두 닫아버리십시오. 미래란 바로 오늘입니다."

　　오슬러는 왜 이런 이야기를 했을까? 자신이 과거 의대 졸업시험을 앞두고 장래 문제로 크게 방황했던 시절이 생각났기 때문이었다. 당시 그는 영국 사상가 토머스 칼라일이 했던 말 한마디에 큰 힘을 얻었다고 한다. "우리의 중요한 임무는 먼 곳의 희미한 것을 보는 것이 아니라 가까이 똑똑하게 보이는 것을 실행하는 일이다."

누구에게나 인생은 **빠른** 속도로 지나간다. 지나가버린 과거는 되돌릴 수 없고, 다가올 미래는 지극히 불투명하다. 오늘만이 확실한 시간이다. 오늘이라는 날이 두 번 다시 오지 않는다는 것을 알면 오늘을 충만하게 사는 데 집중해야 한다. 세상 모든 것은 오늘에 달렸다고 해도 과언이 아니다.

칼리다사는 시에서 오늘을 잘 살면 어제가 행복한 꿈이 되고 내일은 희망찬 환상이 된다고 했다. 오늘을 충만하게 잘 살면 어제와 내일, 즉 과거와 미래까지 충만해진다는 이야기다. 반대로 오늘을 제대로 살지 않으면 어제가 무의미하고 내일이 불행할 수도 있다는 뜻이리라.

우리 집 가훈은 '오늘 하루 최선을 다하는 사람'이다. '미래를 준비하는 사람'이 가훈인 집도 가끔 있다. 그런데 둘은 사실상 같은 내용이라 할 수 있다. 오늘 하루 최선을 다하는 사람이 곧 미래를 가장 충실하게 준비하는 사람 아닐까? 오늘이 없는 내일은 있을 수 없다. 그래서 오늘은 내일의 아버지다.

영국 작가 존 러스킨의 책상 위에는 언제나 조그마한 돌이 하나 놓여 있었다고 한다. 그 돌에는 '오늘'이라는 단어가 새겨져 있었다.

평범한 것이 행복하다 ────

명성에 집착하지 않는 '영원한 따거'의 행복론

-주윤발(홍콩의 영화배우)

"어차피 이 세상에 올 때 아무것도 안 가지고 왔기 때문에 갈 때 아무것도 안 갖고 가도 상관없어요. 점심, 저녁 먹을 때 필요한 흰 쌀밥 두 그릇이면 하루가 충분합니다. 당뇨가 있어 가끔은 한 그릇만 먹습니다."

'영원한 따거(중국어로 큰형님)' 주윤발(1955~)이 2023년 10월 부산 국제영화제에 참석했을 때 기자들에게 했던 말이다. 영화 〈영웅본색〉에서 100달러짜리 위조지폐를 태워 담뱃불을 붙이던 액션배우에게서 공수래공수거(空手來空手去)의 철학을 듣는다. 자기 재산이 얼마인지도 모를 정도로 부자인 사람이 하루 흰 쌀밥 두 그릇이면 만족할 수 있다니. 최고급 레스토랑에서 하루 세끼를 다 먹어도 될 텐데 말이다.

얼핏 위선으로 비칠 수도 있지만, 그의 검약한 생활과 자선 행보를 알고 나면 그저 존경스러울 따름이다. 전 세계에 이름이 알려진 유명인인데도 그의 일상생활은 너무나 평범하다. 승용차는 있지만 운동 삼아 대중교통을 즐겨 이용하고, 옷과 신발은

삶이 너에게 레몬을 줄 때

유명 브랜드를 찾지 않는다. 휴대전화를 10년 이상 바꾸지 않고 사용할 정도라니 알뜰남 그 자체다.

주윤발은 평소 허름한 트레이닝복에 슬리퍼 차림으로 집 주변을 산책하다 이웃 사람들과 스스럼없이 어울리는가 하면, 관광객들의 사인과 기념사진 촬영 요청에 흔쾌히 응해준다. 2023년 부산 방문 때도 팬들과 허물없이 어울리며 하프 마라톤을 완주했다. 자신의 사망설이 가짜뉴스란 걸 알리기 위해 마라톤을 뛰었다며 활짝 웃었다. 특별하거나 유별나게 살지 않으려고 애써 노력하는 사람이라 여겨진다. '평범한 것이 행복하다'가 그의 좌우명이다.

그는 10여 년 전부터 여러 기관 단체에 1조 원 가까이 기부했다고 알려졌다. 2010년 어느 인터뷰에서, 죽을 때 재산의 99%를 사회사업에 내놓겠다고 말했다. "내 재산은 내가 벌어들인 것일지라도 영원히 내 것은 아니기 때문에 세상 떠나갈 때는 아무것도 가져갈 생각이 없습니다."

주윤발이 평범한 것을 행복이라고 생각하는 이유는 뭘까? 18세에 영화배우가 되어 30세에 세계적인 스타가 되었으니 비범한 사람임에 틀림없다. 그러나 젊은 나이에 명성을 떨치고 큰돈을 벌었으며 가는 곳마다 환영받지만, 이게 곧 행복이라는 확신이 들지 않았는지도 모른다.

행복해지기 위해 반드시 많은 것이 필요하지는 않다. "책상 하나, 의자 하나, 과일 한 접시, 그리고 바이올린, 행복해지기 위해 이외에 무엇이 더 필요하겠는가?" 물리학자 알베르트 아인슈타인이 했던 말이다. 재물에 관한 한 만족하면 행복은 제 발로 찾아오는 법이다.

주윤발 같은 유명인 주위에는 언제나 사람들이 몰려든다. 정말 불편할 것이다. 그런데도 그가 굳이 지하철을 타고, 트레이닝복 차림으로 산책하는 것은 더 큰 행복을 위해 당장의 불편함을 감수하며 평범함을 연습하는 것일지도 모른다. 소탈하면서도 검약한 일상생활을 하면서 이미 행복을 누리고 있다고 봐야겠다.

대신 그는 죽는 날까지 아낌없는 기부를 통해 비범한 이름을 세상에 남기려 한다. 비범했던 영화배우가 비범한 기부왕으로 새롭게 변모하고 있다. 단한 번뿐인 인생 살다 가며 이보다 더 큰 행복이 어디 있겠는가?